JOSEPH BAILEY

Furchtlos leben!

JOSEPH BAILEY

Furchtlos leben!

Unbeschwert und mutig
in einer Welt
der tausend Ängste

Aus dem Englischen übersetzt
von Jochen Lehner

Die amerikanische Originalausgabe erschien 2007
unter dem Titel »Fearproof Your Life«
im Verlag Conari Press, San Francisco, USA.

FSC
Mix
Produktgruppe aus vorbildlich
bewirtschafteten Wäldern und
anderen kontrollierten Herkünften

Zert.-Nr. SGS-COC-1940
www.fsc.org
© 1996 Forest Stewardship Council

Verlagsgruppe Random House FSC-DEU-0100
Das für dieses Buch verwendete
FSC-zertifizierte Papier *Munken Premium*
liefert Arctic Paper Munkedals AB, Schweden.

Integral Verlag
Integral ist ein Verlag der Verlagsgruppe Random House GmbH

ISBN 978-3-7787-9191-2

Redaktion: Karin Weingart
Einbandgestaltung: Reinert & Partner, München,
unter Verwendung einer Illustration von Shutterstock
Gesetzt aus der 11,5/14 Punkt Adobe Garamond
bei C. Schaber Datentechnik, Wels
Druck und Bindung: GGP Media GmbH, Pößneck

Inhalt

In Erinnerung an

DR. RICHARD CARLSON (1961–2006),

meinem Freund und Mitautor,
dem nicht nur ich viel Inspiration
zu verdanken habe.

Vorwort

Wer ein Buch über die Sucht nach Angst schreibt, das auch und gerade von praktischem Nutzen sein soll, nimmt sich einiges vor. Vor allem, finde ich, muss der Verfasser mit seinen Ausführungen identisch sein und darf selbst keine Angst haben. Und das kann unter zehntausend Autoren vielleicht einer für sich in Anspruch nehmen. Ich habe das Vergnügen und die Ehre, das Vorwort zu *Furchtlos leben!* schreiben zu dürfen, weil ich mich glücklich schätzen kann, Joseph Bailey seit vielen, vielen Jahren sowohl persönlich als auch beruflich verbunden zu sein. Und ohne jede Übertreibung kann ich sagen, dass ich niemanden kenne, der mit so selbstverständlicher Gelassenheit lebt und weniger angstbesetzt ist als er.

Etwas zutiefst Besänftigendes geht von ihm aus. Ich konnte oft miterleben, wie Klienten, wildfremde Leute, Seminarteilnehmer, Freunde, Familienmitglieder, sogar Kinder in Josephs Gegenwart völlig ruhig wurden. Es heißt ja, dass jeder irgendwo zumindest ein bisschen Angst habe, bei Joseph aber habe ich davon nie etwas mitbekommen. Und wenn ich in seiner Nähe bin, lassen sogar meine eigenen Ängste nach. Seine Botschaft ist von ungeahnter Wucht und geht leicht auf einen über. Außerdem versteht man sie mühelos. Keinerlei Psychogefasel. Joseph gibt nichts als erstklassige, sozusagen »körperwarme« Informationen von sich, mit denen man wirklich etwas anfangen kann. Ich denke, wenn Sie dieses Buch gelesen haben, werden Sie wissen, wovon ich rede.

Und sollten Sie je die Chance bekommen, Joseph als Redner zu erleben, kann ich Ihnen nur empfehlen, sie nicht ungenutzt verstreichen zu lassen. Es kann ihr ganzes Leben verändern.

In unserer Gesellschaft greift die Angst wie ein Buschfeuer um sich. Sie beherrscht unser persönliches Bewusstsein, beherrscht die Medien. Die Angst steht hinter jeglichem Hass, allen Kriegen, jeder Habgier, kurz: hinter allem, was der Würde des Menschen abträglich ist. An dieser Stelle setzt zugleich jede Form von Manipulation an. Daher ist die Angst auch das Lieblingsinstrument aller, die ihre Macht sichern wollen, indem sie versuchen, uns mit Angst in Schach zu halten. *Furchtlos leben!* beschreibt, wie man seine Einstellung zur Angst dauerhaft verändern kann. Überhaupt: Sie werden in diesem Buch sehr viel über die Angst erfahren, über ihre Ursprünge und vor allem natürlich darüber, wie man sie loswird. Auf diese beiden Aspekte sollten Sie während der Lektüre besonders achten: auf die Ursache der Angst und auf den Weg der Befreiung aus ihr.

Ihr neues Leben ohne Angst wird ein vollkommen anderes sein. Es ist nicht nur mit bedeutend mehr Zuversicht und Selbstvertrauen verbunden, sondern ermöglicht vor allem auch sehr viel mehr Intimität. Sie werden sie zulassen können, weil Sie in der Lage sein werden, sich den damit verbundenen »Risiken« furchtlos und unerschrocken auszusetzen. Ein Leben ohne Angst ist also lohnend und bekömmlich, vor allem aber macht es entschieden mehr Spaß.

In *Furchtlos leben!* werden Sie unschätzbar wertvollen Erkenntnissen begegnen, die unserem Leben mehr Tiefe und Geborgenheit verleihen. Da die Angst in unserer Gesellschaft von so bestürzender Virulenz ist, kann ich mir kaum ein wichtigeres Buch vorstellen. Ich würde sogar sagen, dass es zur Pflichtlektüre in den Schulen werden sollte. Dann würde die

Welt, in der wir leben, über kurz oder lang weniger von Angst geplagt sein. Ich jedenfalls werde dieses Buch so gut wie allen Menschen schenken, die ich kenne.

Als jemand, der es früher bei vielerlei Anlässen mit der Angst zu tun bekam, bin ich Joseph Bailey sehr dankbar, dass er dieses Buch geschrieben hat. Ich bin sicher, dass die Angst mein Leben nie wieder beherrschen wird, und glaube, dass Sie nach der Lektüre Ähnliches sagen werden. *Furchtlos leben!* ist ein atemberaubendes Buch, das ich begeistert und wärmstens empfehle.

RICHARD CARLSON,

irgendwo an der Küste Nordkaliforniens,
Herbst 2006

1   Eine der Angst verfallene Welt

Die Epidemie der Angst

Wenn Sie mitten in der Nacht mit bangen Gedanken an den vergangenen oder nächsten Tag aufwachen, stehen Sie damit keineswegs allein. »Wie wird die Besprechung morgen laufen?« »Was wird der Chef zu meinen Ideen sagen?« – »Hoffentlich ist mit den Kindern alles in Ordnung.« – »Wann werden diese Terroristen wieder zuschlagen?« – »Ist meine private Altersvorsorge auch sicher? Wenn es mit der Wirtschaft so weitergeht wie zurzeit, bleibt dann überhaupt noch was übrig?« – »Der Magen tut mir so weh, habe ich vielleicht Krebs?« – »Ob ich die Prüfung morgen wohl bestehe?« Solche quälenden Gedanken sind weit verbreitet und haben alle ein und dieselbe Ursache: Angst.

Bange Fragen, Sorgen, Analysen, Projektionen, Obsessionen sind für viele von uns zum ständigen Hintergrundrauschen unseres Denkens geworden. Handelt es sich dabei aber um eine neuere Entwicklung, oder waren wir schon immer »süchtig« nach Sorgen? Sind Stress, Angst und Grauen vor der Zukunft erst neuerdings zu einer Seuche geworden?

Ich bin seit dreißig Jahren als Psychologe und Suchtberater tätig und konnte in den Süchten und seelischen Störungen meiner Patienten, aber auch in den Sorgen und Befürchtungen meiner Kollegen – und natürlich meinen eigenen – eine Konstante ausmachen: ANGST. Was jeweils mit welcher Intensität gefürchtet wird, ist von Mensch zu Mensch verschieden und ändert sich von Zeit zu Zeit, aber Angst ist immer mit im Spiel.

Und sie ist so verbreitet, dass sie uns notwendig und normal erscheint, mitunter als ein Zeichen der Fürsorglichkeit, der Umsicht, des Verantwortungsbewusstseins, wenn nicht gar der Reife. Sorgen um die Kinder beispielsweise gelten in unserer Gesellschaft als Zeichen dafür, dass wir liebevolle Eltern sind. Ängste sind derart selbstverständlich, ja gesellschaftsfähig, dass wir sogar damit angeben: Wer hat am meisten Stress? Am meisten Anlass zu Sorge? Faszinierend finde ich dabei, dass wir Stress und Sorgen nicht als Ausdrucksformen der Angst erkennen, obwohl sie nichts anderes sind: Angst in gesellschaftlich akzeptiertem Gewand. Angst scheint vollkommen normal zu sein. Vielleicht *wirkt* sie aber auch nur normal, weil sie so weit verbreitet ist. Ist Angst vielleicht ein verschwiegener Bestandteil unseres kollektiven Bewusstseins? Ja, genau. Davon bin ich fest überzeugt.

Neben unseren alltäglichen Sorgen um Sicherheit, Besitzstand, Erfolg, Kindererziehung, Leistungsvermögen, Finanzen und Beziehungen haben wir natürlich auch noch die »großen Dinge«, um die wir uns ängstigen können. In den Nachrichten werden täglich immer gewalttätigere terroristische Gräuel gemeldet. Die Nachrichtendienste unken, mit Terroranschlägen auf amerikanischem Boden sei jederzeit und überall zu rechnen. Die Wirtschaftsprognosen werden immer trüber, denken wir nur an die noch nie da gewesene Staatsverschuldung, die Abwertung des Dollars und den Sumpf der Korruption. Und dann auch noch die Umweltprobleme: globale Erwärmung, Klimakatastrophe, Abholzung der Wälder, Artensterben und die Verschmutzung von Luft, Wasser und Boden. Wem würde da nicht angst und bange?

Ist Angst aber wirklich die logische Reaktion darauf? Und wenn ja, sollte sie uns dann nicht veranlassen, endlich mit all diesen Problemen aufzuräumen? Nahe läge es, doch oft ist das Gegenteil der Fall. Die Angst ist so intensiv geworden, dass wir uns wie gelähmt fühlen. Mit dieser Erstarrung versuchen wir uns gegen das Gefühl abzuschotten, der schieren Masse unserer persönlichen und gesellschaftlichen Probleme schutzlos ausgeliefert zu sein.

Unlängst habe ich eine achtundneunzigjährige Freundin von mir in ihrem Altenpflegeheim besucht. Sie freute sich sehr, dass ich gekommen war, traute sich jedoch nicht, den Fernseher auszuschalten. Auf keinen Fall wollte sie die letzten Meldungen von der Terrorfront verpassen, hockt sie doch überhaupt nur deshalb den ganzen Tag über in jeder wachen Minute vor der Mattscheibe. Bloß nicht riskieren, dass irgendetwas überraschend über einen hereinbricht!

Diese Frau war ihr Leben lang der Inbegriff von Mut und Courage gewesen, beim Klettern im Glacier Park ebenso wie im Kampf um politische Ziele. So weit ich zurückdenken kann, ist sie mir immer ein inspirierendes Vorbild gewesen. Und dann musste ich miterleben, wie sich dieser vor Leben nur so sprühende, bewusste Mensch immer mehr in Gedanken der Angst einspann.

Der Wahn, Sicherheit liege darin, dass man über alle Einzelheiten informiert ist, macht viele geradezu abhängig von den rund um die Uhr berichtenden Nachrichtensendern. Es ist wie ein Schauerroman, von dem wir uns nicht lösen können, bis wir wissen, wie er ausgeht. Leider geht die Geschichte im wirklichen Leben nie »aus« und kommt nie an den Punkt, an dem wir sie zuklappen und weglegen können. Dann werden die Nachrichten unser Leben, die ewige Lektüre eines Romans, der kein Ende findet.

Das ist nicht zufällig so. Werbebranche, Medien, Filmproduzenten und Politiker wissen ganz genau, dass Angst das Publikum bannt und zum »Dranbleiben« zwingt, zum Kauf eines Produkts, zur Wahl des am lautesten unkenden Volksvertreters und zur gemeinsamen Sache mit der Gruppierung, die am meisten Sicherheit verspricht. Angst besitzt ein hohes Suchtpotenzial, und Strategen aller Couleur wissen das. Die Schürer der Angst haben etwas zu verkaufen, und wir nehmen es ihnen en gros ab.

Süchtig nach Angst

Woher kommen eigentlich all die Sorgen, Ängste, die Befürchtungen, die wir nicht abschütteln können? Die Menschen haben schon immer versucht, Beruhigung und Sicherheit in Mutmaßungen über das Unbekannte zu finden. Wir haben versucht, vorauszublicken und uns gegen das Unabsehbare, das bloß Ausgemalte, die eigenen Schreckgespenster zu wappnen. Mit all den Bemühungen, das Unbekannte in den Griff zu bekommen und so für unsere Sicherheit zu sorgen, haben wir persönliche und kollektive Angstgefühle heraufbeschworen. Dadurch ist individuell wie gesellschaftlich so etwas wie eine Angst-Sucht entstanden.

Angst aber schützt uns nicht vor einer unbekannten Zukunft, sondern bietet uns nur eine Sandburg als »Zuflucht«, ein Zerrbild von Sicherheit vor den Dämonen und Gefahren, die wir fürchten. Und Tag für Tag läuft die Flut der Realität und Wahrheit erneut auf und nimmt uns dieses armselige bisschen Sicherheit, indem sie die Sandburgen ins Meer der Schöpfung zurückschwemmt. Jeden Tag, und das Ego baut die Sandburg doch immer wieder angstvoll und überall Gefahr witternd auf – mit ebenden Gedanken also, die uns den wahren inneren Frieden und den Trost, der nur in der Wahrheit liegen kann, gerade verwehren.

Diesem Teufelskreis der Angst wohnen all die Faktoren inne,

die eine »Sucht« charakterisieren: Leugnung, Rationalisierung, Projektion, Erhöhung der Dosis, zunehmende Derangierung, die den Betroffenen normal erscheint, und schließlich immer schädlichere Folgen, die heruntergespielt werden und für die man andere verantwortlich macht. Manche Sucht haben wir mittlerweile hinter den Mauern des Verschweigens und Vertuschens hervorgeholt, insbesondere die »normalen« Dinge wie Alkoholismus, Drogensucht, Spielsucht und Sexsucht. Angst ist die letzte Bastion, die letzte selbstzerstörerische Krankheit, die immer noch geleugnet wird. Darüber hinaus steht die Angst hinter *jeder* Sucht, hinter *allem* Negativen in der Welt.

Angst ist der Grund für alle Kriege, jegliche Habgier, jedwede materielle und spirituelle Armut, alle Umweltzerstörung und alles unmenschliche Handeln an uns selbst und anderen. In unserer heutigen Welt ist die Angst die heimtückischste Kraft überhaupt. Uns allen – und nicht bloß Leuten, denen eine seelische Erkrankung oder eine handfeste Abhängigkeit diagnostiziert wurde – raubt sie den inneren Frieden, das körperliche und geistige Wohlbefinden und die Fähigkeit, auf eine lebensbejahende und harmonische Art miteinander umzugehen.

Mein Weg aus der Angst

Ich erinnere mich noch genau an den Zeitpunkt, an dem ich bemerkte, dass bei mir die Angstsucht begann. Da war ich fünf und sollte in die Vorschule kommen. Bis dahin hatte ich ein freies Leben, in dem ich seelenruhig in den Tag hineinleben konnte. Der Gedanke, meine Familie, mein Zuhause und alles, was mir vertraut war, zu verlassen und in einem Bus verfrachtet zu werden, der irgendwohin fuhr, versetzte mich derart in Entsetzen, dass meine Mutter entschied, ich solle doch lieber bis zur regulären Einschulung daheim bleiben.

Dennoch, die bloße Aussicht reichte, um mich mit der Angst bekannt zu machen. Und diese Angst sollte mich die nächsten mehr als dreißig Jahre begleiten. In der Grundschule legte ich mir dann eine »Schulphobie« zu und bekam jeden Morgen solche Ängste, dass mir schon übel war, bevor der Unterricht begonnen hatte. Auf der Highschool kam meine Angstsucht schließlich so richtig auf Hochtouren – Prüfungen, erste Rendezvous, College-Aufnahmeprüfungen, Gruppendruck, Berufswahl. Es kam so weit, dass ich alle Tage schon mit dem Gefühl eines Abgrunds von Leere im Magen aufwachte und massenhaft Sorgen und Nöte auf mich einstürmten, bevor ich auch nur aufgestanden war. Zu diesem Zeitpunkt war ich bereits süchtig nach Angst, wusste aber nichts davon. In meiner Familie gehörten Sorgen einfach dazu.

Auf dem College nahm meine Angst solche Ausmaße an, dass ich in Prüfungszeiten regelrechte Panikattacken bekam. Mir war nicht bewusst, dass solche Ängste keineswegs natürlich sind, und ich hatte keine Ahnung, was ich dagegen tun konnte. Ich versuchte mit meinen Ängsten irgendwie zurechtzukommen, indem ich mehr arbeitete, versuchte, bessere Noten zu bekommen, und schließlich Psychologie studierte, um sie intellektuell zu verstehen. Dann und wann trank ich, um Dampf abzulassen, und für den Moment verschaffte mir das tatsächlich eine gewisse Erleichterung. Es kam so weit, dass ich mich, wenn einmal keine Angst zu spüren war, fragte, was ich wohl gerade unter den Teppich kehrte. Und dann suchte ich mir gleich etwas, wovor ich mich fürchten konnte. Ich war wie eine Radarsonde, stets darauf gefasst, etwas Beängstigendes zu entdecken, etwas, dem man ausweichen, vor dem man sich hüten musste.

Heute ist mir vollkommen klar, weshalb ich mich der Psychologie zuwandte. Instinktiv muss ich gewusst haben, dass meine Angst ungesund war, aber ich hatte nicht die Hoffnung, sie loszuwerden, und hätte auch nicht gewusst wie. Zudem gab es einen Teil in mir, der die Angst gar nicht loswerden wollte. Ich war ihr verfallen! Immerhin, ich las Bücher über Meditation, buchte Yogakurse, machte Atemübungen zum Stressabbau und stocherte überall nach Möglichkeiten herum, meinen inneren Frieden zu finden. Am meisten hatten es mir Übungen gegen Stress angetan, ich gab sogar selbst Seminare zu diesem Thema. Angst aber hatte ich trotzdem.

Der Zusammenhang zwischen meinem Denken und meiner Angsterfahrung fiel mir zum ersten Mal vor jetzt ungefähr fünfundzwanzig Jahren auf. Da wurde mir klar, dass Angst von innen kommt und keineswegs aus äußeren Umständen oder Ereignissen. Als ich den Ursprung meiner Angst erkannt hatte, ließ der Stress beinahe augenblicklich nach. Von da an glaubte ich einfach nicht mehr alles, was ich dachte, weil ich nämlich erkannt hatte, dass ich selbst der Urheber meiner Gedanken war. Mehr und mehr identifizierte ich mich mit meiner tieferen Intelligenz, meinem wahren Ich. Die Zeit mit Kopfschmerzen, Schlaflosigkeit, Rücken- und nervösen Magenbeschwerden war vorbei.

Ängste kenne ich heute kaum noch. Ich fürchte mich auch nicht mehr vor der Angst, nehme sie nicht mehr für bare Münze. Ich sehe sie einfach als ein meinem besten Interesse dienendes Leitsystem. (Auf diesen Gedanken werde ich später noch näher eingehen.) Ich schreibe dieses Buch, weil ich für mich herausgefunden habe, wie man ein furchtloses, angstfreies Leben führen kann, und weil es mich drängt, meine Einsichten auch anderen mitzuteilen. Angst hält uns in den Sandburgen illusorischer Sicherheit gefangen, bietet uns aber niemals wirklichen Schutz. Sie legt uns nur lahm. Mit diesem Buch möchte ich Ihnen helfen, echte Sicherheit, Erkenntnis und Gelassenheit zu finden: in Ihnen selbst, in Ihrem wahren Ich.

Vom bloßen Zurechtkommen zum Bewusstseinswandel

Wie sehen eigentlich unsere Strategien der Angstbewältigung aus? Manche versuchen wehmütig, die Uhr bis zu einer Zeit zurückzudrehen, in der, wie wir uns zu erinnern meinen, noch echte Werte galten und das Leben einfacher und sicherer war. (Wobei wir gern vergessen, dass diese gute alte Zeit ihre eigenen Ängste hatte. Denken wir nur an die Zeit des Kalten Krieges, an die Atombunker, die Aussicht auf den nuklearen Weltuntergang.) Andere versuchen so zu tun, als ob nichts wäre, und halten sich mit selbstzerstörerischen Ablenkungen wie Süchten aller Art auf Trab – Drogen, Alkohol, Essen, Sex, Geld, Glücksspiel. Und viele sehen sich irgendwo draußen – im Radio und im Fernsehen oder bei religiösen und psychologischen Autoritätsfiguren – nach Erlösern um. Irgendwer *muss* doch schließlich wissen, wie der Angst, der Leere und den Ungewissheiten des Lebens beizukommen ist! In allen Wechselfällen des Lebens schauen wir uns die Talkshows an und hoffen irgendein Rezept aufzuschnappen, mit dem man in diesem Zeitalter der Angst überleben kann.

Abbildung 1 zeigt einige der Möglichkeiten auf, deren wir uns bedienen, um mit der allgegenwärtigen Angst fertig zu werden. Bewältigungsmechanismen sorgen dafür, dass wir mit unseren Funktionsstörungen irgendwie leben können, ohne uns wirklich zu ändern. Es ist ungefähr so wie das Überleben in einem leckgeschlagenen Boot: Statt das Leck abzudichten, schöpfen wir immer nur das Wasser ab.

Zum Beispiel: Wenn ich aus irgendeinem Grund oder auch grundlos Angst habe, kann ich mir einen genehmigen, um diese Angst zu lindern. Vielleicht wird sie dann wirklich einen Moment lang schwächer. Wenn ich am nächsten Morgen aber wieder nüchtern bin, ist sie wieder da (samt Kater), und *inner-*

Abbildung 1 Mit der Angst fertig werden

Stress
Kontrolle
Phobien/Vermeidung
Fanatismus — **ANGST** Sorgen/Zwangsgedanken
Erstarrung
Geistige Geschäftigkeit
Süchte

lich hat sich nichts geändert. Das gilt auch für konstruktivere Bewältigungsstrategien wie Jogging oder Tagebuchschreiben, nur dass hier der Kater wegfällt. Beide Bewältigungsformen versetzen uns in die Lage, irgendwie mit einer fehlerhaften Realitätswahrnehmung zurechtzukommen, die nicht von unserem wahren Ich beziehungsweise spirituellen Wesen ausgeht. Diese Fehlwahrnehmung entstammt dem Ego-Denken, und das besteht aus Deutungen, Vorurteilen und nicht hinterfragten Prägungen.

»Bewusstseinswandel« dagegen würde einen echten Schritt auf eine andere Bewusstseinsstufe beinhalten: Ich sehe mir aus der Perspektive meines wahren Ich und nicht mehr nur von den Denkgewohnheiten des Ego her an, wovor ich Angst habe. Das ist ein *innerer* Wandel, der meine Denkmuster verändert, und in der Folge ändert sich auch meine Haltung.

In *Furchtlos leben!* erläutere ich, wie dieser Bewusstseinswandel vonstattengehen kann. Wie können wir selbstständig und mutig genug werden, um zu erkennen, dass wir selbst die Schöpfer unserer Erfahrungen sind? Dieses Buch soll Ihnen helfen, sich zu erinnern, dass Sie selbst Ihre Angst erzeugt haben und sie folglich selbst wieder verschwinden lassen können.

Wenn Ihnen dieser Weg ohnehin vorschwebt, wenn Sie ihn gehen möchten, obwohl Sie sich des Erfolgs keineswegs sicher sind, dann ist das hier genau Ihr Buch. Wenn Sie sich ein furchtloses Leben wünschen, ein Leben voller Liebe, Freude und Frieden, könnte es für Sie zu einer Art Reiseführer werden.

Denn tief im Innern wissen Sie doch bereits, dass das Geheimnis eines heilen, ganzen und angstfreien Lebens in Ihnen selbst liegt. Und woher wissen Sie das oder ahnen es zumindest? Nun, in Ihnen wie in jedem anderen Menschen auch wirkt eine universale Intelligenz, und die hat Sie genau an diesen Punkt – jetzt, hier – gebracht.

Ich möchte Ihnen zeigen, wie Sie dieser universalen Intelligenz näher kommen können. Wie Sie sehen werden, ist Ihr wahres Wesen absolut vertrauenswürdig. Und nach und nach werden Sie lernen, es als Quelle verlässlicher Erkenntnis für sich zu nutzen. Dieser Weg geht über alle Strategien hinaus, mit denen die Angst lediglich in Schach gehalten wird, und führt in ein wirklich furchtloses, angstfreies Leben.

Für die Angstsucht gilt wie für jede andere Abhängigkeit, dass wir ihr so lange ausgeliefert bleiben, wie wir das Problem leugnen und uns einzureden versuchen, es existiere gar nicht. In diesem Buch unternehme ich den Versuch, uns alle beim Ausbruch aus dieser Verblendung zu unterstützen und den Prozess der Heilung unserer individuellen und kollektiven Angstsucht einzuleiten. Denn wir sind keineswegs dazu verurteilt, diese Sucht durch Beschwichtigungsmechanismen, weitere Süchte oder Glaubenssätze, an die wir uns klammern, lediglich handhabbar zu halten.

Es gibt etwas zu entdecken, das besser und anhaltender wirkt und mehr der Wahrheit entspricht. Wir können die Angst wirklich lindern und schließlich ganz überwinden, wenn wir entdecken, wer wir sind.

2   Freund oder Feind?

Niemand hat gern Angst, und doch zieht sie uns irgendwie an. Wir klagen über Stress und bange Gefühle oder Angst vor dem Unbekannten, zugleich umflattern wir die Angst aber auch wie Motten das Licht. Wir lieben nervenaufreibende Filme, Adrenalin treibende Sportarten, Reality-TV à la *Fear Factor* und gruselige Einschlafgeschichten. Lieb sind uns die beängstigenden Meldungen in den Nachrichten nicht gerade, trotzdem bewirken sie, dass wir vor der Glotze sitzen bleiben. Da die Produzenten von Nachrichtensendungen das wissen, stellen sie an den Anfang ihrer Sendungen möglichst immer irgendeinen Schocker.

So hat die Angst zwar ihren Nervenkitzel, das Beängstigende selbst aber soll sich doch bitte möglichst weit weg abspielen, nicht direkt vor unserer Tür, das würde sich gar zu unbehaglich anfühlen. Angst löst Handschweiß und Herzklopfen aus; der Atem geht gepresst, die Muskeln spannen sich an, und all das zusammen kann schließlich zu körperlichen und geistigen Erkrankungen führen. Anhaltende Angst erzeugt Stress, Hypernervosität, Phobien, Schlaflosigkeit und Panikattacken.

Wenn wir uns die Gesellschaft anschauen, ist eine hohe »Durchseuchung« mit der Angstkrankheit nicht zu leugnen. An allen Ecken und Enden scheinen unabwägbare Bedrohungen zu lauern: Terrorismus, Verbrechen, das Klima, die Gefährdung unserer Gesundheit, die Wirtschaft, die Zukunft unseres Landes und der Erde.

Im persönlichen Bereich werden Sorgen, Stress, Beunruhigung und Befürchtungen aller Art als normal, wenn nicht gar wünschenswert angesehen. Sind unsere Kinder auch sicher? Haben sie überhaupt eine Zukunft? Dann die Frage, ob es wohl auch in Zukunft irgendwie »reichen« wird: Sind wir auch hoch genug versichert? Und wie sieht es mit der Sicherheit unserer Geldanlagen und der Altersvorsorge aus? Wir sorgen uns um unser körperliches und seelisches Wohlergehen, und all die Mittelchen, die uns als Problemlösung angedient werden, leisten diesen Sorgen nur Vorschub. Dann unsere Beziehungen: wie sie aufzubauen, am Leben zu halten und schließlich wieder loszuwerden sind. Alles Beängstigende zieht uns an, es beschneidet aber auch unsere Handlungsfähigkeit, schränkt unsere Alternativen ein und lässt uns nicht über den Tellerrand hinausblicken. Wir sind nicht mehr zu Risiken bereit, versuchen gar nicht mehr, unsere Träume zu leben, wir reden nicht mehr, wie uns der Schnabel gewachsen ist, setzen keine Hoffnungen in die Zukunft, trauen uns nicht mehr, einfach zu tun, worauf wir gerade Lust haben.

Offenbar brauchen wir die Angst. Trotzdem ist nicht zu leugnen, dass sie auch sehr destruktive Formen annehmen kann. Da erhebt sich doch die Frage, ob ein so weit verbreitetes Phänomen nicht vielleicht auch irgendeinen guten Zweck verfolgen könnte.

Die Weisheit der Angst

Angst hat im Grunde den gleichen Zweck wie körperlicher Schmerz oder allgemein körperliches Unbehagen. Schmerzen oder Unbehagen beziehungsweise deren Fehlen teilen uns mit, ob wir krank sind oder nicht, ob es uns gut geht, ob uns zu heiß oder zu kalt ist. Auf solche Informationen können wir unser Verhalten abstimmen: für Temperaturausgleich sorgen, etwas essen oder trinken, uns ausreichend bewegen, einen günstigen Wach-Schlaf-Rhythmus finden und viele Dinge dieser Art tun, die uns wieder ins Gleichgewicht bringen.

Eigentlich hat Angst eine Signalfunktion. Sie soll uns auf Gefahren aufmerksam machen und zu angemessenem Handeln motivieren. Dieses Signal kann die Form von Herzklopfen, Atembeklemmung und Handschweiß annehmen – drei Beispiele für Symptome, die wir mit Angst assoziieren. Unser Körper reagiert auf Angst über die Nieren und Nebennieren und versorgt uns mit einem Energieschub, den wir für die sogenannte Flucht-Abwehr-Reaktion, für unsere Auseinandersetzung mit der jeweiligen Situation, benötigen. Hier ist Angst eine sehr sinnvolle Regung, die Leben und Gesundheit schützt.

Somit ist die Angst eigentlich eine psychische Radarstation, die uns rechtzeitig auf mögliche Gefahren aufmerksam macht, etwa auf den Wagen, der sich auf unserer Fahrspur nähert, auf einen bevorstehenden schweren Sturm oder einen Verbrecher, der in der Gegend sein Unwesen treibt. Angst kann auch dafür sorgen, dass wir sinnvolle Vorkehrungen für die Zukunft treffen, indem wir etwa für die finanzielle Versorgung im Alter sparen, das undichte Dach reparieren oder unseren Wagen warten lassen.

In allen diesen Fällen ist die Angst ein göttliches Werkzeug. Es

- warnt vor Gefahren,
- mobilisiert Energien für Körper und Geist, damit wir in brenzligen Situationen angemessen und intelligent reagieren können, und

- dient als intuitiver Radar für unbekannte Gefahren wie Erdbeben, Stürme und Angriffe jeglicher Art.

Der Angst als göttlichem Werkzeug kommt noch eine weitere wichtige Funktion zu: Sie lässt uns wissen, wann wir uns von der Weisheit und Sicherheit unseres wahren Ich entfernen und zu sehr unter den Einfluss des unsteten, auf Trennung bedachten Ego geraten. Hier sagt uns die Angst, dass wir uns gerade von unserem Ego in die Welt der automatischen Befürchtungen entführen lassen, wo sich Projektionen, Reaktionen und sich selbst erfüllende Prophezeiungen endlos im Kreis drehen. Eine spezielle Form dieser Angst besteht in bangen Zukunftsgedanken. Wenn wir das Unbekannte nämlich mithilfe des Verstandes vorauszuberechnen versuchen, bekommen wir es zwangsläufig mit der Angst zu tun: »Was wäre, wenn dies oder jenes passiert?« Unser ständiges »Was, wenn« führt uns auf schwankenden Boden, vor allem, wenn wir gar nicht mehr damit aufhören können. Davon zeugt unsere Angst.

Kein Mensch empfindet gern Angst. Doch im rechten Licht betrachtet ist sie für unser seelisches und spirituelles Wohlergehen ebenso wichtig wie Schmerzen für die Gesundheit und das Überleben des Körpers. Betrachten wir unsere Angst also einfach als einen Freund, der uns lediglich sagen will, dass wir von der Bahn abgekommen sind. Wenn wir die Angst annehmen und sie nicht beurteilen, lässt sie sich in Informationen und sinnvolles Handeln ummünzen. Damit kehren wir in die Geborgenheit unseres wahren Ich zurück, das uns stets leitet und uns alles wissen lässt, was wir wissen müssen, um angemessen agieren und damit für unsere Sicherheit sorgen zu können.

Verzerrte Angst

Wenn wir den Glauben an ihre grundsätzlich schützende Natur verlieren und uns vom göttlichen Ganzen abgetrennt fühlen, vermischt sich die Angst allerdings mit mancherlei anderen Dingen und wird dadurch entstellt. Dann hören wir nicht mehr einfach auf dieses Warnsystem und vertrauen darauf, dass es uns sicher leitet, sondern dann übernimmt das Ego das Ruder und malt sich alle möglichen Dinge aus, die schiefgehen könnten.

Unter diesen Umständen vertrauen wir nicht mehr darauf, dass wir schon aufmerksam gemacht werden, wenn es notwendig ist, sondern glauben zunehmend dem Ego und seinen Angstgespinsten.

Ego-Ängste sind überzeichnet und mit Dingen befrachtet, die nicht in der Natur der Angst als Leitsystem liegen. Mit Unterstützung durch den Verstand projiziert das Ego Gefahren, die nur vorgestellt, aber nicht wirklich vorhanden sind. Im Extremfall führen Ego-Ängste zu Zwangsverhalten, wie man es etwa an Howard Hughes beobachten konnte, jenem glänzenden Unternehmer, der dermaßen zur Geisel seiner Ängste vor Keimen und Feinden wurde, dass er sich im Alter völlig abschottete und in seinem Penthouse in Las Vegas wie in einem Grab dahinvegetierte. Hughes war einer der reichsten Männer der Erde, emotional aber lebte er in völliger Verarmung.

Auch wenn wir von solchen Extremfällen absehen, bleibt festzuhalten, dass anhaltende Ego-Ängste chronische psychische und physiologische Störungen erzeugen, die das körperliche und seelische Wohlbefinden untergraben und Krankheiten auslösen können.

Wenn Ängste vom Ego geschürt werden,

- bilden wir uns Gefahren ein, wo keine sind,
- wird der Körper ständig aus seinem Gleichgewicht gebracht,
- entstehen physiologische Belastungen, die Krankheiten und schädliches Verhalten nach sich ziehen können,
- kommt es in ganz normalen Situationen zu überzogenen Reaktionen – aggressives Verhalten im Straßenverkehr, Gewalttätigkeit, Panikattacken,
- verlieren wir die Freude am Augenblick und am Leben überhaupt.

Erinnern wir uns daran, dass eine Anstrengung unserem wahren Ich oder aber dem Ego-Ich entspringen kann. Im ersten Fall dient sie unserem Überleben und Wohlergehen, ist sie ein

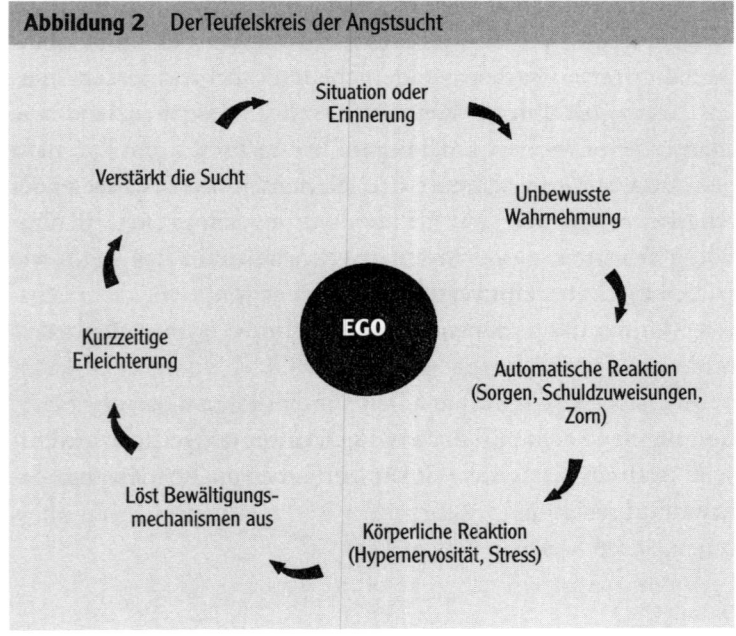

Abbildung 2 Der Teufelskreis der Angstsucht

Signal der universalen Intelligenz, das uns den Weg zu einem Leben in Sicherheit, Harmonie und Frieden zeigt. Ist die Angst jedoch eine Ego-Regung, haftet ihr etwas Selbstzerstörerisches an, weil sie uns körperlich und seelisch schadet und zudem die Harmonie zwischen uns und unseren Mitmenschen ganz empfindlich stört.

Wie können wir nun zwischen gesunder und ungesunder Angst unterscheiden?

Angst als Leitsystem

Die Empfindungen, die wir als Angst deuten, sind eigentlich ein göttliches Leitsystem, so angelegt, dass sie uns auf dem Weg des Gleichgewichts, der Gesundheit und des Glücks halten. Sie haben etwas von den angerauten Markierungen am Fahrbahnrand, die ein deutliches, in diesem Fall akustisches Signal geben, dass wir gerade von der Fahrbahn abkommen und womöglich an der Leitplanke oder im Graben landen – wobei der »Graben« in unserem Zusammenhang das vom Ego beherrschte Denken ist. Die Angst selbst schadet unserer Psyche so wenig wie ein der Tempoverringerung dienender Fahrbahnbuckel unserem Wagen schadet, solange wir die vorgeschriebene Höchstgeschwindigkeit nicht überschreiten. Erst wenn wir alle Hinweise und Warnungen ignorieren oder falsch auslegen, kommen wir in den Bereich, in dem die Angst wirklich beängstigend wird. Wir brauchen nur auf die Empfindungen zu achten, durch die sich unser wahres Ich mitteilt, und erfahren alles, was wir für ein Leben in Frieden und Sicherheit brauchen.

Die Begleitempfindungen der Angst

Woran können wir nun erkennen, dass wir einer Angststörung unterliegen und es dringend notwendig ist, zu unserem wahren Ich zurückzukehren? Wie alle Gefühle teilt sich uns auch die Angst durch *Empfindungen* mit. Hier ein paar Beispiele: Muskelanspannung (vor allem Nacken, Schulter, Rücken, Kiefer und Bauch), stockender oder unregelmäßiger Atem, Erhöhung der Pulsfrequenz, Temperatur-Missempfindungen (Frösteln oder Schweißausbruch), Missempfindungen und Störungen im Verdauungssystem (Übelkeit, Erbrechen, Durchfall), Bewegungsstörungen (Sprunghaftigkeit, nervöses Herumfummeln, Gesichtszucken, Stirnrunzeln, Ungeschicklichkeit, mangelndes Koordinationsvermögen) und schließlich Störungen des klaren Denkens (Verwirrungszustände, Zerstreutheit, mangelnde Konzentrationsfähigkeit, Reizbarkeit, Zwanghaftigkeit, Abwehrhaltung, paranoide Züge und vieles andere).

All diese Empfindungen und Zustände wollen aber nicht analysiert werden, sondern sollen uns mahnen, augenblicklich für Ruhe zu sorgen, genau hinzuhören und uns Klarheit zu verschaffen. Wenn wir die Symptome nicht beachten, machen sie einfach stärker auf sich aufmerksam. So zu tun, als existierten diese Empfindungen nicht, ist genauso gefährlich wie die zwanghafte Beschäftigung mit ihnen. Dann werden wir allenfalls nassforsch und arrogant und landen womöglich tatsächlich im Graben.

Immer wenn es uns gelingt, ruhig zu werden und hinzuhören, vernehmen wir die Weisheit unseres wahren Ich, das uns ganz genau sagt, was jetzt zu tun ist, welche Gedanken wir besser auf sich beruhen lassen und an welcher Stelle Veränderungen vorzunehmen sind. Die Stimme unseres wahren Ich ist immer da, um uns zur Besinnung zu bringen und zu innerem Frieden und klarem Denken zurückzuführen. Es stellt uns die nötigen Einsichten bereit, die unser Leben zu einer von Hindernissen freien Reise zu unserer göttlichen Bestimmung macht.

Gelingt es uns jedoch nicht, ruhig zu werden und diese Stimme zu hören, schaltet sich der Verstand ein und versucht herauszufinden, was eigentlich bevorsteht und wie man sich am besten darauf einstellt. Der Verstand hat aber leider nur das zu bieten, was wir ohnehin schon kennen: Erinnerungen und Überzeugungen. Und wenn das die einzige Basis ist, die wir haben, kann es nicht ausbleiben, dass wir uns Sorgen machen, uns grämen und nur lauter Optionen vom Typ »Was wäre, wenn« sehen. Für neue Möglichkeiten sind wir dann blind.

Wo wir also vom Ego her reagieren, werden wir kopflastig und fangen an zu analysieren, zu erinnern, zu vergleichen, um schließlich unsere Deutungen und bangen Zukunftserwartungen auf die aktuelle Situation zu projizieren. Dadurch verstärken wir unsere Befürchtungen, Ängste und Sorgen, kurz, unseren Stress, und geraten sowohl körperlich als auch seelisch aus dem Gleichgewicht. Schließlich wird unser Denken wirr, einseitig und womöglich völlig irrational.

Fassen wir die beiden Arten des Umgangs mit Angst-Empfindungen zusammen:

Von unserem wahren Ich aus

- werden Empfindungen als natürliche Informationen aufgefasst;
- daraus gewinnen wir Einsichten und Erkenntnisse;
- diese leiten ein Handeln ein, das Gleichgewicht und Gesundheit wiederherstellt;
- wir leben im Einklang mit anderen.

Von unserem Ego aus

- führen Empfindungen zu Deutungen und Projektionen des Ego;
- das Ergebnis ist noch mehr Angst;
- die Angst löst Reaktionen aus, die das innere Gleichgewicht stören und krank machen;
- wir leben in Zwietracht mit anderen, Gewalt und Krieg können die Folge sein.

In der Angst zur Ruhe zurückfinden

Es steht uns frei, jede Angst in Ruhe zu verwandeln. Und wir sind dazu auch in der Lage. Selbst wenn Gefahr droht oder Unglück bevorzustehen scheint, können wir es schaffen, einen sicheren Boden der Ruhe unter den Füßen zu behalten. Alles hängt davon ab, worauf wir unser Bewusstsein und unser Augenmerk richten. Hier zunächst das Gerüst, das ich anschließend näher erläutern werde:

- Wir empfinden Angst.
- Wir nehmen die Angst an und bleiben ruhig.
- Dadurch sehen wir neue Möglichkeiten, die uns Spielraum schaffen.
- Das befähigt uns zu entschlossenem, positivem Handeln.
- Mit diesem Handeln können wir Einwirkungen von außen wirkungsvoll begegnen.
- Dann geht es uns besser und wir besitzen mehr Freiheit.

Wenn wir unsere Angst annehmen und gleichzeitig bemerken, dass sie keine Macht über uns besitzt, erkennen wir unsere Wahlfreiheit: Wir können entscheiden, ob wir uns von ihr mitreißen lassen oder nicht. Angst hat eigentlich keine andere Funktion als die, uns aufmerksamer und wacher zu machen. Wenn wir richtig auffassen, was uns die Empfindungen sagen wollen, die unser höheres Ich uns zukommen lässt, offenbart sich uns auch, was zu tun ist. Wir wissen dann, ob wir beherzt gegen die mögliche Gefahr vorgehen müssen oder ob wir die Empfindung auf sich beruhen lassen können, weil uns bewusst wird, dass sie von einer »Phantom-Angst« herrührt, von einer lediglich angewöhnten Reaktion, die mit der gegenwärtigen Lage eigentlich nicht viel zu tun hat. Wenn wir die Angst in Ruhe betrachten, sie weder bewerten noch uns vor ihr ängstigen, gewinnen wir eine Sicht der Dinge, die von echtem Urteilsvermögen geprägt ist.

Zum Beispiel neulich im Fitnesskurs. Während einer besonders anstrengenden Trainingseinheit bekam ich plötzlich ein dumpfes Gefühl im Kopf, und dazu stellten sich ein leichter Schwindel und Atemnot ein. Ich bekam es mit der Angst. Gedanken von Schlaganfall oder Herzschlag schossen mir durch den Kopf, zumal mein bester Freund gerade zwei Wochen zuvor einen Herzinfarkt erlitten hatte und sich einer Bypassoperation unterziehen musste. Mit solchen Gedanken ängstigte ich mich, was mein Hyperventilieren und die anderen Symptome nur noch verstärkte.

Ich legte eine Pause ein und nahm mir einen Augenblick Zeit, um wieder zu Atem zu kommen und mich zu fassen. Dann fragte ich meinen Trainer, was da los sein könne. Er erkundigte sich, ob ich meinen Atemfluss irgendwie behindere oder den Hals verkrampft hielt. Ich überlegte kurz und kam dann darauf, dass sich mein Hals in der Tat verspannt hatte und ich eigentlich nur mit dem Brustkorb atmete und die tiefe Bauchatmung völlig vernachlässigte. Wie mir mein Trainer erläuterte, läuft durch den Hals ein Nerv, und wenn man den durch Verkrampfung einzwängt, verursacht er eben diese Symptome. Dann setzte ich mein Training fort, beobachtete, wie steif ich den Hals hielt, und ließ dann ganz bewusst los. Die Gefühle von Dumpfheit und Schwindel verschwanden. Hier hätte sich ein hypochondrisches Drama à la Woody Allen entspinnen können, einschließlich Visionen von Gehirntumor und Exitus. Ein paar hilfreiche Informationen machten aus dieser Episode stattdessen wertvolle Einsichten über mein Training. Ich hatte mir nur ein wenig Zeit zum Überlegen genommen und den Rat eines Experten eingeholt und schon konnte ich das Ganze aus der Perspektive meines weisen wahren Ich betrachten. Damit löste sich alles in Wohlgefallen auf.

Hätte ich in dieser Situation von meinem Ego-Zustand aus geurteilt, wären nur Projektionen entstanden und vielleicht hätte ich dann überhaupt aufgehört zu trainieren: »Ich bin einfach zu alt für so was. Ich werde mich noch umbringen mit dieser albernen Turnerei. Und wieso lässt mich der Trainer überhaupt so etwas Gefährliches machen? Der hat sie wohl nicht alle.«

Wichtig ist also zu bemerken, wann unser Ego das Kommando übernimmt. Anderenfalls kommen wir zu Entscheidungen, die unserer Gesundheit nicht förderlich sind, die unsere Aktivitäten einschränken und unsere Wahlfreiheit beschneiden. Wahre Freiheit besteht in dem Wissen, dass wir tatsächlich die Wahl haben, uns von unserem verängstigten Ego oder aber auch von unserem weisen wahren Ich leiten zu lassen. Genau diese Freiheit bietet die Chance, den Teufelskreis der Angst zu durchbrechen – wenn wir denn wollen.

Flugangst

Kürzlich haben zwei Schwestern aus meinem Freundeskreis eine Reise unternommen, an der sich wunderbar zeigen lässt, wie unterschiedlich die Erfahrungen sind, die man macht, wenn man seine Ängste ernst nimmt – oder eben auch nicht. Jeanie und Sara wollten zusammen in den Urlaub fliegen. Sara wird vor jeder Reise von allen möglichen Ängsten geplagt, Jeanie nicht. Als der Termin nahte, konnte Sara an nichts anderes mehr denken als an alles, was schiefgehen konnte – beim Flug, am Zoll, mit dem Gepäck, im Hotel und so weiter und so fort. Jeanie versuchte ihre Schwester zu beruhigen, es half aber alles nichts. Saras Sicht der Dinge stand fest.

Als der Tag des Abflugs dann gekommen war, vergaß Sara in ihrer mühsam beherrschten Panik über alles, was es zu bedenken galt, ihren Pass, und so mussten die Schwestern auf einen späteren Flug umbuchen. Das veranlasste Sara, sich lautstark über die Terroristen aufzuregen, denen es zu verdanken sei, dass an den Flughäfen jetzt alles so umständlich und zeitraubend geworden ist. Auch als die beiden schließlich ihr Flugziel erreichten, war für Sara die Sache vollkommen klar. Sie *wusste* einfach, dass sie nichts als Ungemach zu erwarten hatte. Sie verstand ihre Ängste nicht als Signal dafür, dass sie aufs falsche Gleis geraten war, sondern überließ sich einem Strudel von Reaktionen und Projektionen, der sie während des ganzen Urlaubs nicht mehr losließ. Ihr Amüsement hielt sich, wie man sich leicht denken kann, in Grenzen. Eine besonders unterhaltsame Reisegefährtin war sie ihrer Schwester Jeanie jedenfalls bestimmt nicht. Sara hatte sich in aller Unschuld und völlig unbedacht die Denkungsart der Angst zu eigen gemacht und betrachtete nun alles durch diese Brille.

Und Jeanie? Sie ließ es sich einfach gut gehen, da mochte Sara schwarzsehen, wie sie wollte. Ihr entging nicht, dass Sara wie immer aus jeder Mücke einen Elefanten machte. Aber sie kannte ihre Schwester auch gut genug, um deren Reaktionen zu verstehen, und schlug ihre Beobachtungen einfach dem unterhaltsamen Teil der Reise zu. Nichts würde ihr den Urlaub verderben, sie wusste einfach, dass *ihr eigenes Denken* darüber entschied, ob sie sich gut fühlte oder nicht. Das eine oder andere ging natürlich, wie auf jeder Reise, schief, aber Jeanie steckte es einfach weg. Für sie war es ein herrlicher Urlaub. Sogar Sara wurde nach und nach etwas heiterer und entspannter. Jeanies Frohnatur färbte auf sie ab, wenn sie sich auch alle Mühe gab, ihrer Linie treu zu bleiben.

Lag Sara aber eigentlich tatsächlich so falsch mit ihren Ängsten? Bei allem, was so vorgeht in der Welt, sind doch Ängste nicht ganz aus der Luft gegriffen, oder? Und sind Ängste nicht dazu da, dass wir für die möglichen Wechselfälle und schlimmen Wendungen Vorkehrungen treffen – etwa die Sicherheitsausrüstung im Wagen, den Notproviant im Boot, die Verbesserung des Sicherheitsstandards auf Flughäfen?

Ja, die mit Angst verbundenen Empfindungen können uns Anstöße zu sinnvollen Vorbeugungsmaßnahmen geben. Es gilt aber zu unterscheiden: zwischen sinnvollen Vorkehrungen und zwanghaften Angstgedanken, zwischen echter Erkenntnis und bloßer Projektion. Wenn man der Angst ihren Lauf lässt, kann sie das klare und vernünftige Denken, die Instinkte und die Kreativität blockieren. Dann hält sie uns in der illusorischen Sicherheit und Vertrautheit alter Überzeugungen fest, die lediglich auf früheren Erfahrungen beruhen und keine unvoreingenommene Wahrnehmung der Gegenwart zulassen. Sara war so sehr von ihren Ängsten besetzt, dass sie die Reise nicht genießen konnte und sich überdies unnötigen Gefahren aussetzte – beispielsweise durch Taschendiebe –, weil sie gar nicht in der Lage war, ihre Umgebung richtig wahrzunehmen.

Wenn unsere Ängste unbewusst sind, verleiten sie uns möglicherweise zu voreiligen und einseitigen Schlussfolgerungen, was dazu führen kann, dass wir die falschen Leute für Probleme oder sogar Verbrechen verantwortlich machen. Sara hatte ihren Pass vergessen. Ihren Unmut aber richtete sie gegen die allgemein beängstigenden Zustände in der heutigen Welt. Vor die korrekte Wahrnehmung der Wirklichkeit legt die Ego-Angst den Schleier positiver oder auch negativer Überzeugungen, die uns vor langer Zeit in Fleisch und Blut übergegangen sind. Die Wahrheit kann man so aber nicht erkennen. Und wenn der Blick nicht frei ist, geraten wir tatsächlich leicht in Gefahr.

Sara hatte im Urlaub und auf Reisen früher einmal schlechte Erfahrungen gemacht. Von diesen ließ sie sich jetzt überrollen, als handele es sich um in Stein gemeißelte Wahrheiten, die auch in der gegenwärtigen Situation Geltung hatten – und nicht etwa um bloße Gedanken über Vergangenes, die heute nur so viel Macht besaßen, wie sie ihnen einräumte. Jeanie waren solche Gedanken auch nicht ganz fremd, aber sie hatte keine Lust, sich Sorgen zu machen. Sie wollte ihren Urlaub genießen. Sie vertraute einfach darauf, dass ihr wahres Ich sie auf dem Wege der Intuition auf Gefahren aufmerksam machen würde. So gewann sie Freiraum für Freude über die Erlebnisse der Reise. Solange wir ruhig und ausgeglichen sind, kann unsere Wahrnehmung alles ringsum aufnehmen. Angst dagegen ruft den typischen Tunnelblick hervor, mit dem wir weder die Fülle des Lebens noch das wahrnehmen, worauf wir doch so ängstlich zu achten versuchen: mögliche Gefahren und Fallstricke.

Das ist mit dem Ausdruck »blind vor Angst« gemeint. Angst schränkt unsere Wahrnehmung ein. Wir sehen dann nur noch das, was wir fürchten, und dabei entgehen uns die Alternativen, mögliche Erkenntnisse oder auch Gefahren, an die wir noch gar nicht gedacht hatten. Gelassenes, waches Bewusstsein schränkt uns dagegen in keiner Weise ein. Unsere Aufmerksamkeit kann dann – wie bei einem Sportler in der »Zone« – sehr viel mehr erfassen, und auch das Unerwartete kann uns nicht aus der Bahn werfen. Wenn wir uns auch nur diesen einen Punkt wirklich zu eigen machen, wird sich unsere panische Wachsamkeit in gelassene Bewusstheit verwandeln.

Der innere Wecker

Wir können uns die Angst auch als eine Art Wecker vorstellen. Wenn der Wecker der Angst losschrillt, soll er uns lediglich aufmerksam machen, er soll uns auffordern, *bewusster* zu werden. Wenn wir dann aber einmal wach sind, lassen wir den Wecker nicht weiter lärmen. Das wäre nicht nur unnötig, sondern würde uns auch auf die Nerven gehen und den ganzen Tag nicht zur Ruhe kommen lassen. Genauso stört ständige Angst unsere innere Stille.

Wir müssen schon genau hinsehen, um festzustellen, was unseren Wecker losrasseln ließ: ungesunde Gedanken oder die Notwendigkeit, gezielt in irgendeinen Prozess einzugreifen. Der Wecker, unsere Angst, möchte uns vielleicht einfach darauf aufmerksam machen, dass wir uns von unseren eigenen Gedanken terrorisieren lassen. Vielleicht will er uns sagen, dass diese Gedanken bloß ein Echo der Vergangenheit sind, mit der gegenwärtigen Situation nichts zu tun haben und folglich abgelegt werden sollten. Natürlich kann die Angst auch bedeuten, dass wir über eine Sache gezielt nachdenken und dann aktiv werden müssen, etwa wenn es um die Arbeit, Erziehungsprobleme, finanzielle Entscheidungen oder tatsächliche Gefahrensituationen geht.

Wenn wir unsere Befürchtungen mit wachem Bewusstsein betrachten, stehen uns wichtige Verbündete zur Seite: Klugheit und Urteilsvermögen. Dann wird sich auch zweifelsfrei zeigen, ob wir etwas unternehmen müssen, um eine bestimmte Situation zu entschärfen oder möglichen bedenklichen Entwicklungen vorzubeugen. Lassen wir den Wecker jedoch weiter schrillen, während wir zugleich überlegen, was zu tun ist, wird der Lärm keinen klaren Gedanken zulassen und nur weitere Ängste schüren. Hören Sie also nur so lange auf die Angst, bis Sie ganz wach sind. Dann wird es Zeit, sich zu sagen, dass der Alarm auf etwas hinweisen will, was bedacht werden muss, um eventuell geeignete Maßnahmen einleiten zu können.

Blind vor Angst

Vor vielen Jahren habe ich Kletterkurse gegeben, in denen es um die Erfahrung der Angst und ihrer Macht über uns ging. Die Teilnehmer sollten sich zunächst selbst kennenlernen; auf dem Lehrplan standen aber auch Zusammenarbeit mit anderen und gegenseitiges Vertrauen. Wie nicht anders zu erwarten, ist die Angst vor dem Absturz in der Felswand anfangs groß und für manche sogar lähmend. So kam es immer wieder vor, dass jemand an irgendeiner Stelle lange Zeit stecken blieb und nicht weiter wusste. Die Betreffenden hatten den Eindruck, es könne hier unmöglich weitergehen, obwohl die Wand eigentlich keine besonderen Schwierigkeiten bot und sie natürlich bestens gesichert waren. Die Angst, abzustürzen und womöglich trotz aller Sicherungen umzukommen, ließ sie den leichten Weg die Wand hinauf einfach übersehen. Natürlich konnte so auch der Spaß nicht aufkommen, den dieses Abenteuer eigentlich hätte machen können.

Manchmal flochten mein Kollege und ich ein Experiment ein und legten den Teilnehmern für den Aufstieg eine Augenbinde an. Das war natürlich nicht als zusätzliche Grausamkeit gemeint, sondern sollte ihnen zu Bewusstsein führen, wie blind uns die Angst für die tatsächlich gegebenen Möglichkeiten machen kann. Wir wiesen die Kursteilnehmer an, den Fels nach Stellen abzutasten, an denen die Hand oder der Fuß Halt finden konnten. Und die Leute staunten nicht schlecht, wie leicht geeignete Stellen genau da zu finden waren, wo sie ohne Augenbinde nicht das Geringste ausmachen konnten. Ihre Angstgedanken hatten sie buchstäblich geblendet, und der ständig schrillende Angstwecker ließ kein besonnenes Suchen zu. Die ursprüngliche Anstrengung hatte ihnen nichts weiter sagen wollen, als dass sie sich um saubere Knotentechnik und andere sicherheitsrelevante Dinge kümmern sollten. Keinesfalls war sie das Signal, sich von zwanghaften Angstgedanken mitreißen zu lassen.

Wenn wir unsere Angst nicht als Weckruf, als Aufruf zu mehr Bewusstheit, verstehen, lähmt sie uns. Dann sind wir nicht mehr in der Lage, alles für unsere Sicherheit und unser Wohlergehen Wichtige wahrzunehmen, sondern übersehen die Möglichkeiten eines sinnvollen und Erfolg versprechenden Umgangs mit Gefahren und dem Unbekannten überhaupt. Nicht bewusst gemachte Angst kettet uns an die »Lehren«, die wir aus früheren Erfahrungen gezogen haben, und lässt nur wenig Spielraum für hemmungslos kreatives Denken im Augenblick. In dieser an Schrecken reichen Welt, in der wir nicht nur gewalttätige Übergriffe fürchten, sondern uns auch mit Recht Gedanken über die globale Erwärmung und den Hunger in der Welt machen, wäre es sicher gut, wenn wir nicht aus Angst oder Panik handelten, sondern uns von Weisheit und ruhiger, klarer Entschlossenheit leiten ließen.

Wenn wir uns in der Angst vor Augen führen, dass wir uns im Ego-Denken verfangen haben, können wir die Gedanken, von denen die Angst ausgeht, loslassen. Erst dann sind wir in der Lage, die Möglichkeiten, die schon die ganze Zeit vor unserer Nase waren, auch zu erkennen. In ruhiger Klarheit fallen uns Problemlösungen ein, können wir klug und angemessen auf Gefahren reagieren, werden wir von anderen und uns selbst Schaden abwenden und nicht nur unsere Überlebenschancen vergrößern, sondern auch die Aussicht auf ein gesundes, rundum gelungenes Leben.

Nach den Einschlägen im World Trade Center am 11. September 2001 liefen viele Menschen in den Gebäuden sofort zu den Aufzügen, um dem Albtraum zu entkommen. Auf dem Weg nach unten blieb einer dieser Aufzüge auf halber Strecke zwischen zwei Geschossen stecken. In der Kabine befanden sich vor allem hochgebildete Entscheidungsträger, panisch entsetzt, aber auch ein Fensterputzer namens Juan Cortero. Viele schrien um Hilfe, aber die Schreie gingen im Heulen der Alarmsirenen und in dem ganzen chaotischen Getöse ringsum unter. Juan verschaffte sich Gehör und schlug vor, mithilfe seiner Fensterputzerausrüstung irgendwie die Türen aufzustemmen. Einige schrien zwar weiter, schließlich führte Juans ruhiges, sicheres Auftreten aber dazu, dass immer mehr Leute Hand anlegten und es so nach einiger Zeit tatsächlich gelang, die Türen zu öffnen. Alle wurden gerettet.

Juan hatte bestimmt genauso viel Angst wie die anderen, aber er ließ sich von seinen Empfindungen nicht überwältigen und in Panik versetzen. Er behielt die Fassung, nutzte seinen Verstand und kam auf den Gedanken, der alle rettete. Schlagender lässt sich kaum demonstrieren, dass ein Ruhe bewahrender Verstand, unabhängig vom Bildungsniveau, mehr Intelligenz in eine prekäre Situation einbringen kann als ein hektisch feuerndes Hirn, selbst wenn es einem hochgebildeten Manager gehört.

Der Hasenfuß und wie viel Schutz er bietet

Diese Geschichte lässt keinen Zweifel daran, dass es von Vorteil ist, in der Angst Ruhe walten zu lassen, damit uns die innere Weisheit aus der Gefahr herausführen kann. Und dennoch, viele Menschen, die solche Geschichten hören oder lesen, können sich trotzdem nicht entschließen, sich aus der Abhängigkeit von ihrer Angst zu befreien. Eine Freundin hat es mir einmal so erklärt: »Ich glaube, dass mit unseren Ängsten und Sorgen eine Art magisches Denken verbunden ist. Wir bilden uns ein, wir müssten nur immer mit dem Schlimmsten rechnen, dann würden wir die Dinge schon irgendwie in den Griff bekommen. Ungefähr nach dem Motto: Wenn ich mir das Schlimmste ausmale, wird es nicht eintreten. So leben wir ja auch in der Illusion, das Wohlergehen unserer Kinder sicherstellen zu können. Ich habe mir ständig Sorgen um meine Kinder gemacht, und wenn das Befürchtete dann nicht eintrat, habe ich gesagt: ›Siehst du, es funktioniert.‹ Und wenn überraschend doch einmal etwas passierte, bin ich streng mit mir ins Gericht gegangen: ›Darüber hättest du dir aber wirklich rechtzeitig Sorgen machen können.‹«

Meine Freundin und viele andere erleben ihre Angst als eine Art Zauberbann gegen Gefahren. Diese Haltung wird erst zur Gewohnheit, schließlich jedoch zur Sucht. Angstsucht dürfte überhaupt die Grundform jeglichen Aberglaubens sein: »Wenn ich mich genügend sorge, wird es nicht passieren. Und sollte es doch geschehen, bin ich wenigstens vorbereitet und werde nicht davon überrumpelt.« So haben wir schließlich immer eine Art Hasenpfote in der Tasche, die alle Gefahren bannen und uns vor dem Unbekannten schützen soll.

Wir versuchen uns einzureden, wir könnten eine Hasenfuß-Haltung zum Leben beibehalten und trotzdem ein angenehmes Dasein führen. Das Unbehagen der Angst wären wir nur zu gern los, aber die Angst selbst möchten wir nicht aufgeben. Wären wir ohne Angst nicht allen Gefahren, die da draußen lauern, schutzlos preisgegeben? Ständige Befürchtungen, bilden wir uns ein, seien eine brauchbare Sicherheitsmaßnahme. Und schließlich glauben wir, wir müssten nur alle erdenklichen Gefahren vor Augen haben und unsere Welt so klein wie möglich halten, um alles unter Kontrolle zu haben, weil die Zahl der Variablen ja stets überschaubar bleibt. In der Vermessenheit, mit der wir uns einbilden, alle Bedrohungen zu kennen, werden wir zu Gefangenen unseres eigenen Denkens. Wenn wir uns dem ergeben und es zur Gewohnheit werden lassen, entsteht das, was ich Angstsucht nenne. *Sucht* ist alles, mit dem wir uns selbst schaden, von dem wir aber nicht lassen können.

Dann ist alles in unserem Leben mit Ängsten besetzt. Wir finden keine Ruhe mehr und werden zum Beispiel überfürsorgliche Eltern. Irgendwie haben wir die Liebe zu unseren Kindern ganz selbstverständlich mit der ständigen Sorge gleichgesetzt, dass irgendetwas in ihrem Leben schiefgehen könnte. Unsere Sorgen geben den Kleinen natürlich zu verstehen, dass die Welt unsicher und gefährlich ist. Und da sie sich ein Beispiel an uns nehmen, sind sie schließlich auch zu einem Leben in Angst verurteilt.

Sobald wir jedoch den wahren Sinn der Angst erkennen — nämlich aufzuwachen und auf unsere innere Stimme zu hören —, können wir in der Angst ein Leitprinzip erkennen, das uns und damit letztlich auch unsere Kinder wieder auf den richtigen Weg bringt.

Susie, die Tochter eines befreundeten Ehepaares, wurde nach diesem Prinzip erzogen. Wenn irgendetwas in Susies Leben den Eltern, Tom und Jean, Sorgen bereitete, sahen sie darin ein Zeichen, dass sie gut hinhören und die Sache genau betrachten mussten, statt die Sorge zu Angstgedanken werden zu lassen. Diesem Ansatz vermochten die beiden sogar treu zu bleiben, als sich Susies jugendliche Neugier auf Alkohol und Drogen zu erstrecken begann.

So wurde sie einmal von ihrem Freund zu einem Versuch mit Haschisch gedrängt. Tom und Jean fragten sich natürlich einigermaßen besorgt, was Susie wohl tun würde. Sie überließen aber nicht der Angst das Ruder, sondern behielten die Nerven und sprachen in aller Ruhe über die Sache. Sie kamen überein, dass sie Susie bei passender Gelegenheit ihre Empfindungen mitteilen, aber auch ihrer Tochter genau zuhören würden. Es kam dann zu einem offenen und für alle aufschlussreichen Gespräch über Drogen. Danach experimentierte Susie zwar ein wenig, hatte es aber nie so mit Rauschgift und Alkohol wie viele andere in ihrem Freundeskreis. Später ging ihr dann auch auf, dass ihr Freund für ihren Geschmack viel zu viel mit Drogen zu tun hatte. Daraufhin beendete sie die Beziehung.

Wenn die Elternrolle so ausgefüllt wird, haben Kinder die Chance auf ein eher von Freude als von Angst geleitetes Leben und bekommen auch mehr Sinn für die grenzenlosen Möglichkeiten, die es bietet. Susie jedenfalls kann angstfrei leben, und das beschert ihr sowohl Erfolge im akademischen als auch im sportlichen Bereich. Und was am wichtigsten ist: Sie fühlt sich in sich selbst geborgen und vertraut auf ihr Urteilsvermögen. Sie liebt das Leben und hat keine Angst vor der Zukunft, denn sie hört und vertraut auf ihren eigenen Rat.

Genau darum geht es für mich in der Elternrolle: unseren Kindern dieses Selbstvertrauen zu ermöglichen. Wenn wir es unseren Kleinen ermöglichen, in eine derartige Selbstständigkeit hineinzuwachsen, wird kein Gedanke an die unbekannte Zukunft sie lähmen können. Im Gegenteil, sie sind begierig darauf, alle Möglichkeiten auszuschöpfen, die ihrer noch harren.

Die Angstsucht durchbrechen

Angst, sagten wir, kann für den Einzelnen, aber auch für eine ganze Gesellschaft zur Sucht werden. Wir verfolgen geradezu zwanghaft die Nachrichten, suchen nach der sichersten Warnanlage für unser Haus, lassen uns graue Haare über Fragen der Gesundheit wachsen, fürchten den Tod. Angst hält uns davon ab zu reisen, lässt unsere Welt immer kleiner werden, schränkt unsere Beziehungen ein. Was auch immer in unserem Leben allzu viel Raum einnimmt und uns so sehr besetzt, dass wir nicht mehr davon lassen können, ist Sucht.

Doch statt unsere persönlichen und/oder gesellschaftlichen Süchte direkt anzugehen, werden wir zu Sucht-*Managern*. Alkoholiker zum Beispiel versuchen ihre Abhängigkeit dadurch zu »managen«, dass sie sich etwa sagen: »Nie vor fünf Uhr nachmittags« oder »Nur Bier, keine harten Sachen.« Das sind Rationalisierungsversuche, die nicht funktionieren, sondern den Betroffenen nur vorgaukeln, sie hätten alles im Griff.

Im gleichen Sinne glauben wir, wir müssten nur genügend Geld für die nationale Sicherheit oder für elektronische Alarmanlagen am Eigenheim ausgeben, darüber hinaus alle Terroristen der Welt aufspüren und ausschalten, um weniger Angst haben zu müssen. Die Wahrheit lautet: Je zwanghafter wir uns mit der Beseitigung aller Anlässe für Angst beschäftigen, desto mehr hat sie uns in ihrem Würgegriff. Solange wir die wahren Ursachen der Angst nicht klar sehen und benennen – unser Denken und die ungesunde Art, es einzusetzen –, werden wir an der allgemeinen Angst überhaupt nichts ändern. Erst wenn wir begreifen, wozu die Angst eigentlich da ist, nämlich dafür, uns in die Besonnenheit und zu unserem wahren Ich zurückzuführen, können wir die Angstsucht überwinden und uns aus ihr befreien.

Franklin D. Roosevelt sagte einmal: »Wir haben nichts zu fürchten – außer der Angst selbst.« Solange die Angstsucht anhält, wird unser Leben davon besetzt sein. Und an der Atmosphäre der Angst in der Welt wird sich nichts ändern.

Die Möglichkeit eines angstfreien Lebens

Können Sie für den Augenblick bitte einmal alles vergessen, was Sie über Angst zu wissen glauben, und die Möglichkeit in Betracht ziehen, dass Ihnen ein Leben ohne Angst offen steht?

Im Schutz gelassener Ruhe

Wenn wir im ruhigen, furchtlosen Wissen um unser wahres Ich leben, können wir Entscheidungen treffen, die sich *richtig anfühlen*. Sie fühlen sich gut an, weil sie es *sind*, weil sie mit dem Teil unseres Selbst übereinstimmen, der mit allem und allen eins ist.

Sie müssen das nicht glauben, nur weil ich es sage. Experimentieren Sie einfach ein bisschen, tun Sie Dinge, die nicht der Angst entspringen. Betrachten Sie die Angst als ein Signal, das Sie zu besonnenem Nachdenken auffordert, und schauen Sie, was sich daraus ergibt. Vielleicht wird Ihnen klar, worum es für Sie gerade geht. In diesem Fall handeln Sie entsprechend und verfolgen wieder, was geschieht. Fühlt es sich richtig an? Hat es zum gewünschten Ergebnis geführt? Lassen Sie sich vom Leben zeigen, zu wie viel Weisheit Sie fähig sind.

Sie können aber auch nach innen blicken und ganz bewusst die göttliche Sicht der Dinge einnehmen. Das Geheimnis eines angstfreien, furchtlosen Lebens besteht darin, von unserem wahren Ich her zu entscheiden. Dies ist zugleich auch das Geheimnis eines glücklichen und erfolgreichen Lebens.

》》MERKHILFEN

- Bei einer generalisierten Angststörung sind wir im wahren Sinn des Wortes gestört. Dann ist so ziemlich alles blockiert: Kreativität, Lebensgenuss, Wahlfreiheit und Glück.
- Angst ist ein Missverständnis, geboren aus der Trennung von unserem wahren Ich.
- Ängste und Sorgen, denen wir freien Lauf lassen, machen süchtig, weil sie die Illusion der Macht über das Unbekannte beinhalten.
- Eigentlich ist Angst ein Leitsystem zu unserem Nutzen.
- Durch Empfindungen gibt uns die Angst Informationen, die uns die Rückkehr zu unserem bewussten und wissenden wahren Ich ermöglichen.
- Die Angst ist ein Wecker, der uns daran erinnert, dass wir auf die Stimme unseres wahren Ich hören müssen.

3   Das Ende der Angst: vom Ego zum wahren Ich

Eine alte indianische Geschichte erzählt von drei Göttern, die überlegen, wo man wohl die Wahrheit am besten vor den Menschen verstecken könnte:

Der erste Gott sagt: »Verstecken wir die Wahrheit doch einfach auf dem höchsten Berg der Welt. Der ist so steil, so eisig, dass kaum jemand dorthin kommen wird, zumal auch kaum Luft zum Atmen da ist. Da will ganz bestimmt niemand hin.«
Der zweite Gott kann dem nicht zustimmen. »Diese Menschen sind ja so neugierig. Früher oder später werden sie wissen wollen, wie das ist, auf so einen Berg zu klettern, und dann finden sie die Wahrheit. Viel besser wäre es, sie auf dem tiefsten Meeresgrund zu verstecken, wo kein Leben möglich ist. Kein Mensch kann so tief tauchen. Da finden sie die Wahrheit nie.«
Der dritte Gott sitzt schweigend und in Gedanken versunken da. Schließlich fragen sie ihn, wo er die Wahrheit verstecken würde. Er sagt: »Die Menschen haben ein sehr ausladendes Ego und lieben die Herausforderung. Eines Tages werden sie den höchsten Berg erklimmen und auch Mittel und Wege finden, um auf den Meeresgrund zu gelangen. Die Menschen suchen immer außerhalb ihrer selbst nach der Wahrheit, deshalb, glaube ich, verstecken wir sie am besten da, wo sie sie nie vermuten würden: in ihrem Inneren.«
Die drei lachten und kamen zu dem Ergebnis, dass das tatsächlich das beste Versteck für die Wahrheit sei. Und dort, im Inne-

ren von jedem von uns, liegt die Wahrheit nun verborgen bis auf den heutigen Tag.

Doch was sich die Götter in dieser Geschichte nie hätten träumen lassen, tritt jetzt ein: Immer mehr Menschen fangen an, nach innen zu schauen und dort nach der Wahrheit zu suchen. Es geht uns zunehmend um unsere ganz eigene Einsicht und Weisheit, und wir versuchen sie durch Meditation, psychologische Beratung, Gebet, durch neue Überlegungen und viele andere Formen der Selbstfindung zu finden. Wir möchten die Wahrheiten des Lebens für uns entdecken und uns ein Gefühl der Hoffnung und Geborgenheit zurückerobern. Zunehmend stellt sich heraus, dass die Antworten, auf die wir aus sind, wirklich in uns selbst liegen und von unserem wahren Ich ausgesprochen werden. Unser wahres Ich spricht mit der Stimme der Weisheit, der Erkenntnis und der Vernunft, und es spricht von einer höheren Warte aus.

Es gibt zwei Wege der Selbsterforschung, den des Ego und Verstandes und den des wahren Ich. Im ersten Fall untersucht das Ego Glaubenssätze und analysiert Probleme und Fragen, um – unter eher technischen Aspekten – etwas zu finden, was man *tun* kann. Das erzeugt die Illusion, dass etwas geschieht, aber tatsächlich dreht es sich meist nur im Kreis und hält uns beschäftigt. Einstein hat einmal gesagt: »Die Vorstellungskraft ist wichtiger als bloße Verstandeserkenntnis. Der Verstand hat seine Grenzen, während die Imagination die ganze Welt umfasst und die schöpferischen Impulse gibt, aus denen die Evolution sich speist.« Wenn wir bei uns selbst und anderen nur das betrachten, was der denkende Verstand hervorbringt, kommen wir nicht über die in seiner Natur liegende Beschränktheit hinaus.

Auf dem Weg des wahren Ich dagegen blicken wir ernsthaft und viel tiefer nach innen, nämlich bis zum Quell der universalen Intelligenz, die in jedem Menschen liegt. Nur ist die innere Wahrheit nie so konkret wie das, was wir im Laufe der Zeit für wahr zu halten gelernt haben. In unserer vom Ego beherrschten Kultur ist sie wenig glaubwürdig, weshalb sie sich für viele fremd anfühlt. Deshalb meinten die Götter hier das ideale Versteck gefunden zu haben. Wir müssen jedoch nur bereit und aufgeschlossen sein, dann ist dies ein Weg, der sich als gangbar erweist. Ich will versuchen Ihnen zu zeigen, wie das geht. Dieser Weg, den jeder beschreiten kann, führt zu einem angstfreien, furchtlosen Leben.

Das wahre Ich

Wenn wir geboren werden, treten wir aus der Welt des Geistigen und daher »Formlosen« in die Welt der materiellen Form ein. Dort, wo wir herkommen, gibt es keine Angst. Deshalb sind wir als Kinder erst einmal reine Lebenslust, reine Freude und Neugier. *Furchtlosigkeit ist unsere Natur!*

Doch je länger wir in unserer Welt der stofflichen Formen leben, desto mehr vergessen wir, was wir eigentlich sind und woher wir kamen. Und so erfinden wir denn eine Scheinidentität – unsere Persönlichkeit mit all ihren Gewohnheiten – und sagen: »Das bin ich.« Diese Ich- oder Ego-Identität fühlt sich vom göttlichen Ursprung, der uns hervorbrachte, getrennt; wir empfinden uns als isoliert, einsam, ausgesetzt. Da nimmt die Angst ihren Anfang. Mehr und mehr identifizieren wir uns mit den Eigenschaften, die uns zugeschrieben werden oder die wir uns selbst zuschreiben: schlau, arm, hässlich, umgänglich, künstlerisch begabt, schüchtern, ungebildet, unsicher und so weiter; wir definieren uns nach dem, was wir besitzen (Haus, Auto, Spielsachen), oder nach dem, was wir glauben (Religionszugehörigkeit, Parteizugehörigkeit, liberale oder konservative Haltung, optimistische oder pessimistische Grundeinstellung). Je mehr wir uns der Angst ergeben, desto weniger können wir unser wahres Ich sein, so mühelos, wie es in der frühen Kindheit möglich war. Bei einem meiner Seminare erzählte eine Teilnehmerin die Geschichte von einer Frau, die ihre dreijährige Tochter im Haus suchte. Schließlich fand sie das Mädchen am Bett ihres kurz zuvor geborenen Brüderchens. Die Mutter war unsicher, ob die Kleine wohl richtig mit dem Baby umgehen würde, tat aber nichts, sondern sah nur einen Augenblick zu, bis sie ihr dreijähriges Mädchen zu dem schlafenden Säugling sagen hörte: »Erzähl mir, wie Gott ist, bitte. Weil, ich kann mich schon gar nicht mehr richtig erinnern.«

Genau wie dieses kleine Mädchen vergessen wir alle nach und nach, woher wir kommen. Da können Verunsicherung und Angst nicht ausbleiben. Und natürlich versuchen wir uns dann der Welt zu beweisen, um uns Achtung, Liebe, Anerkennung und Geborgenheit zu verschaffen. Die meisten Menschen verbringen ihr ganzes Leben damit. Wir gehen irrtümlich davon aus, dass wir uns Sicherheit verschaffen können, wenn wir uns nur genügend Sorgen machen, wenn wir alle erdenklichen schlimmen Wendungen vorhersehen und rechtzeitig Strategien dagegen entwickeln.

Das wahre Ich, die reine Essenz dessen, was wir sind, kennt keine Sorgen, Befürchtungen und Ängste. Es weiß sich eins mit dem Leben, fühlt sich dem großen Ganzen zugehörig und rechnet gar nicht erst mit Konkurrenten oder Feinden.

Unser wahres Ich ist *eins* mit der universalen Intelligenz, die wir Gott, höhere Macht, das Göttliche, Großer Geist, Allah, Quantenfeld oder wie auch immer nennen. Wir sind nicht einfach ein »Nebeneffekt« dieser Intelligenz, und es genügt auch nicht zu sagen, wir seien mit ihr verbunden: Wir sind einmaliger Ausdruck und individuelle Erscheinungsform des unendlichen Seins.

Wir Menschen machen es uns unnötig schwer, weil wir unser Einssein mit der universalen Intelligenz nicht wahrhaben wollen, sondern außerhalb unserer selbst nach einem »höheren Wesen« suchen. Sobald die Trennung vollzogen ist und wir uns für ein Ich gegenüber dem Göttlichen halten, sind wir sozusagen allein und müssen außerhalb unserer selbst die Erlösung durch irgendein »Anderes« suchen.

Auch ich habe als Kind gelernt, dass Gott irgendwie »da oben« (in den Wolken oder im Himmel) ist, ganz schön groß und mit wallendem Bart. Und man musste ihn fürchten, denn er hatte uns ständig im Auge und beurteilte jeden nach seinem Handeln. Kein Wunder, dass ich Angst hatte.

Das Buch Genesis erzählt, wie Adam und Eva aus dem Garten Eden (das heißt aus dem Einssein mit der universalen Intelligenz) vertrieben wurden, nachdem sie vom Baum der Erkenntnis des Guten und Bösen gegessen hatten (das heißt der Illusion der Getrenntheit verfallen waren). Uns allen geht es wie Adam und Eva: Sobald wir die Welt unter dem Gesichtspunkt von Gut und Böse zu betrachten gelernt haben, entsteht Konfrontation und schließlich Gegnerschaft. Damit haben wir den Garten Eden verlassen und den Boden für Konflikte, für Zwietracht mit der Natur, für Gewalt und Krieg bereitet.

Doch sobald wir zu unserem wahren Ich zurückfinden, sind wir wieder im Garten Eden. Und dort ist man, wie ursprünglich Adam und Eva, völlig zwanglos, selbstbewusst, klug, liebenswert, immer zur Achtung der anderen bereit, mitfühlend, liebevoll, bewusst und empfänglich für alles, was der Augenblick bietet. Dann nehmen wir die Schönheit in allem wahr, erkennen Lösungen, wo andere nur Unmögliches sehen. Zu allen Herausforderungen und Zwickmühlen des Lebens fällt uns etwas ein, meist etwas ganz Unkompliziertes, das einfach nur Klugheit verlangt. Wir empfangen diese Klugheit als Erkenntnis, Instinktregung, Bauchgefühl, Einsicht oder Inspiration von der universalen Intelligenz.

Dann verstehen wir auch, dass die Wahrheit nichts in Stein gemeißeltes ist. Für jeden Augenblick unseres Lebens stellt die universale Intelligenz, das heißt unser wahres Ich, eine genau entsprechende Einsicht bereit, die alles enthält, was wir benötigen, um voll und ganz leben zu können.

Mir begegnen ständig Herausforderungen, Hindernisse und Fragen, mit denen ich mich wie jeder andere Mensch auseinandersetzen muss. Wenn ich aber spüre, dass es bedenklich oder beängstigend wird, weiß ich, wie ich den Blick nach innen wenden kann. Dann nehme ich mir die Zeit, meinem wahren Ich Fragen zu stellen. Und die Antworten, die ich bekomme, entspringen nicht meinem Ego-Verstand mit seinem begrenzten Horizont, sondern dieser tieferen Intelligenz. Wenn ich zum Beispiel mit dem Schreiben nicht weiterkomme, mache ich einen Moment Pause, um mich zu fragen, weshalb ich festhänge. Dann bitte ich um die höhere Sicht zu dieser Frage, und die hilfreiche und gleich praktisch umsetzbare Antwort lässt meist nicht lange auf sich warten.

Die Illusion der Trennung

Angst entsteht aus dem Gefühl des Getrenntseins vom Ursprung, der unser wahres Ich hervorgebracht hat und eins mit ihm ist. Wenn wir uns vom Ursprung unseres wahren Ich getrennt glauben, fühlen wir uns so hilflos und ausgesetzt wie ein Kind, dem die Mutter fehlt. Dann glauben wir, wir müssten uns allein durchbeißen, uns gegen Bedrohungen zur Wehr setzen und um die Liebe und Achtung anderer kämpfen. Das ist die Geburt des Ego und der Anfang unserer Beziehung zur Angst.

Unwissentlich entscheiden wir uns dabei für die Trennung von unserem Ursprung – was natürlich in Wahrheit nicht möglich ist, eine Illusion. Es scheint nur so, als wären wir getrennt. Aber wir haben einen freien Willen, und unser Verstand kann jeden Gedanken hervorbringen, auch den, dass wir isoliert sind. »Ich bin nicht liebenswert, ich bin nichts wert, ich bin schlecht, ich bin minderwertig«, können wir denken, oder eben auch: »Ich bin wertvoll, ich bin ein guter Mensch, es steht mir zu« – jeden Gedanken können wir denken, sei er zutreffend oder nicht. Die Freiheit, Gedanken und die dazugehörigen lebhaften Empfindungen hervorzubringen, ist unser größtes Talent. Wir bemalen die Leinwand des Lebens und erschaffen selbst die Welt, in der wir uns bewegen. Ohne Gedanken gäbe es keine Lebenserfahrung, aber wir müssen uns entscheiden, wie wir diese Gabe des Denkens einsetzen wollen.

Zum Beispiel können wir denken: »Nie läuft etwas so, wie ich es möchte.« Wenn wir diesem Gedanken Glauben schenken, deuten wir alles, was uns fortan begegnet, als direkte Bestätigung dieser Annahme oder eben als Ausnahme, die die Regel bestätigt. So sorgen wir selbst dafür, dass sich die Prophezeiung bewahrheitet, dass nichts so läuft, wie wir es möchten, und dass das Leben einfach gegen uns ist. Wenn wir diesen Gedanken nicht als unsere eigene Schöpfung erkennen, leiten wir uns selbst auf eine logische Endlosschleife. Darin bringt dieser Gedanke immer wieder Wahrnehmungen und Deutungen hervor, mit denen er sich selbst bestätigt.

Denksysteme

Der menschliche Geist ordnet solche Gedanken zu einem System aus Überzeugungen, Meinungen, Schlussfolgerungen, Ideen, Urteilen, Erwartungen, Wertvorstellungen, Gewohnheiten und Erinnerungen. Solch ein Denksystem ist daran zu erkennen, dass es sich immer wieder bewahrheitet, selbst bestätigt und eine Art Filter darstellt, durch den das Ego seine Wirklichkeit wahrnimmt und erzeugt.

So lebt jeder Mensch in seiner eigenen Sphäre, die sein am Ego ausgerichtetes Denksystem hervorbringt. Und je mehr wir an unser Denksystem glauben, desto weniger hören wir auf die grenzenlose Wahrheit unseres wahren Ich und desto unglücklicher, verunsicherter und ängstlicher werden wir. Auch entfernen wir uns immer mehr von anderen Menschen und sind gegenüber Andersdenkenden schnell mit Urteilen bei der Hand. Aus Urteilen wird Hass, aus Hass werden Gewalt und schließlich Krieg.

Vorschnelles Vertrauen in das Ego und sein Denksystem ist für die meisten Probleme der heutigen Welt verantwortlich. Wir fühlen uns als Geisel unseres Ego, als Gefangene unseres eigenen Denksystems, und suchen verzweifelt nach Ausbruchsmöglichkeiten. Dabei wird uns aber nicht klar, dass wir uns unser Gefängnis selbst gebaut haben; es besteht aus unserem selbst erzeugten Denksystem, das wir auch selbst wieder demontieren können, um etwas Sinnvolleres zu wählen. Wir können uns befreien, doch dazu müssen wir bereit sein zu erkennen, wer wir wirklich sind: nicht das Ego mit seinem erstarrten Denken, sondern Ausdruck des göttlichen Ursprungs und seiner universalen Intelligenz.

Aus diesem wahren Ich heraus zu leben verlangt aber nicht nur Bereitschaft und Entschlossenheit, sondern auch Mut. Denn wir müssen unsere falschen Vorstellungen über die Außenwelt aufgeben, so sehr wir auch an ihnen gehangen haben, und uns die Weisheit und Wahrheit der inneren Welt zu eigen machen.

Durch die kleinmütige Annahme, wir seien ein Ego (und folglich viel weniger als unser wahres Ich), haben wir unserem

Leben eine Richtung gegeben, die nichts Gutes verspricht. Trotzdem glauben wir, dass die Richtung stimmt, denn wenn wir uns umschauen, machen es die anderen eigentlich auch nicht anders. Sind sie nicht alle in Sorge um die Lage der Welt und ihr eigenes Leben? Machen wir es also auch so, es soll ja nicht heißen, wir seien schiefgewickelt. Und nicht zuletzt ist das gemeinsame Jammern ja auch ganz befriedigend.

Es genügt nicht, uns einzugestehen, dass wir die falsche Richtung – die der Angst – eingeschlagen haben, und dann zu versuchen, irgendwie damit zurechtzukommen. Die Richtung der Angst führt zu nichts als immer mehr Angst. Wir selbst haben, wenn auch mehr oder weniger unbewusst, diese Richtung eingeschlagen, und wir müssen sie auch selbst wieder ändern und uns darauf besinnen, was wir in Wahrheit sind. Wenn Sie ein wirklich angstfreies Leben möchten, gibt es keine andere Möglichkeit.

Freiheit erwirkt man nicht einfach durch positives Denken. Positives Denken ist seiner Natur nach von begrenzter Reichweite. Es geht davon aus, dass etwas zu *geschehen* hat, damit wir mit einer irgendwie negativen Situation fertig werden können, und dabei wird übersehen, dass lediglich mit unserer *Wahrnehmung* der Wirklichkeit etwas nicht stimmt. Positives Denken übermalt einfach die als unerfreulich empfundene Szenerie mit Bildern, die wir lieber sehen, die aber am grundsätzlich negativen Denken nicht unbedingt etwas ändern. Solange das Weltbild negativ bleibt, ist positives Denken reine Schönfärberei.

Worauf ich hinaus will, sind viel tiefer reichende grundsätzliche Veränderungen, nicht bloß die erfreulichere Gestaltung der Oberfläche. Es geht um eine echte Umorientierung des Denkens, die uns eine neue Welt entdecken lässt.

Das Rumoren des Wandels

In unseren unsicheren Zeiten versprechen sich die Menschen nicht mehr viel von den etablierten Institutionen. Was die Manipulation der öffentlichen Meinung angeht, haben wir es so weit wie nie gebracht. Es lehnen sich aber auch immer mehr Menschen dagegen auf und versuchen die ganze Scheinheiligkeit zu demaskieren. Täglich können wir in den Medien verfolgen, dass hohe Führungspersönlichkeiten von ihren Podesten gestoßen werden und auch die Organisationen oder Firmen, denen sie vorstehen, in Misskredit geraten. Unbewusst setzen wir alles daran, uns als Einzelne und kollektiv zu desillusionieren, damit wir endlich anfangen, auf uns selbst zu vertrauen, und zwar nicht auf unser Ego, sondern auf das, was wir in Wahrheit sind. Erst wenn wir der in uns selbst liegenden höheren Autorität vertrauen – unserem wahren Ich, das mit den Denksystemen des Ego nichts zu schaffen hat –, sind wir wahrhaft frei, in Sicherheit und frei von Angst.

Und seltsam: Erst durch diesen scheinbar so selbstbezogenen Akt des vollkommenen Vertrauens in uns selbst entdecken wir unsere tiefe Verbundenheit mit anderen. Wir finden unser wahres Ich, erkennen sein Einssein mit der universalen Intelligenz, und erst dann geht uns auf, dass jeder und alles eins ist mit dieser Intelligenz.

Wir erkennen, dass die Menschen dieses Einssein unabsichtlich, ja unwissentlich vergessen und sich der Illusion der Trennung ergeben haben, und beurteilen das nicht, denn bei uns war es ja ganz genauso. Jetzt aber erkennen wir, dass alle Dinge und Lebewesen eins sind. Ein angstfreies Leben setzt voraus, dass wir unser wahres Ich finden und unser Leben nach ihm ausrichten. Wie könnten wir etwas fürchten, mit dem wir eins sind?

Es gibt nichts zu fürchten

Solange wir keinen Zugang zu unserem wahren Ich haben, sehen wir die Welt als in zwei Lager gespalten: vertrauenswürdige und nicht vertrauenswürdige Menschen. Die Illusion der Getrenntheit lässt die aus Angst gespeiste Mentalität von »wir gegen die« entstehen. Ist die Angst erst einmal zu unserer Grundeinstellung geworden, geraten wir zwangsläufig in eine defensive Haltung und sehen die Welt als Bedrohung. Alles ist dann entweder schwarz oder weiß: gut oder schlecht, im Recht oder im Unrecht, verrückt oder normal, politisch links oder rechts, Freund oder Feind. Das ist die Denkweise, die in politische Pattsituationen führt, die Isolation fördert und Rassismus, Sexismus, Terrorismus, Krieg, Habgier sowie weltweit wirtschaftliches Unrecht hervorbringt.

Erst wenn wir unser wahres Ich erkannt haben und ihm mehr glauben als dem Denksystem unseres Ego, können wir auch anderen Menschen vertrauen und die Wahrheit bei ihnen sogar erkennen, wenn sie von ihrem eigenen Denken in die Irre geführt werden. Haben wir unser wahres Ich einmal kennengelernt und angefangen, auf die Stimme seiner Weisheit zu hören, werden wir unser Leben immer mehr vom sicheren Fundament der Liebe aus führen und immer weniger von Angst bestimmt sein. Dann sehen wir, von welcher Fülle das Leben ist, wie viel es an Hilfe und Rat, an Chancen und Abenteuern, an Staunenswertem und Wunderbarem bietet. Bei allem, was wir tun, bei jeder Entscheidung und in jedem Austausch mit anderen, sind wir zunehmend von Liebe und Weisheit geleitet. Wir fühlen unser Einssein, die gemeinsamen Werte und Zielvorstellungen, unseren gemeinsamen Ursprung. Wir fühlen, dass Grund zur Hoffnung besteht.

Und dann wissen wir auch, wie man sich in einem ganz alltäglichen Sinne in dieser Welt sicher fühlen kann, ohne auf

Lebensfreude und Lebensgenuss verzichten zu müssen. Wer als sein wahres Ich lebt, befindet sich keineswegs in einem wirklichkeitsfernen Utopia. Im Gegenteil, wenn wir von unserem wahren Ich her leben, wissen wir umso besser, aber eben mit klugem Augenmaß, was ein Leben in Sicherheit erfordert.

Die Wiederentdeckung des wahren Ich

Ob Sie lernen können, Ihr wahres Ich zu sein? Nein, das können Sie nicht, Sie sind es doch längst. Da gibt es nichts, was erst festzustellen wäre; Sie müssen die Wahrheit über sich selbst lediglich entdecken und erleben. Seit Jahrtausenden versuchen die sogenannten Wissenden und Autoritäten uns einzureden, wir müssten die Wahrheit bei ihnen oder zumindest in der von ihnen vertretenen Religion suchen. Aber es gibt nur einen Ort, an dem die Wahrheit zu finden ist: in uns.

Vor einigen Jahren rief mich ein Rabbi aus Jerusalem an, nachdem er mein Buch *The Serenity Principle* gelesen hatte. Er ist ein Thora-Gelehrter, der sein Leben lang die Essenz dieser heiligsten aller Schriften des Judentums zu erfassen bestrebt war. Er sagte, die in meinem Buch dargelegten Gedanken seien dieselben wie die unaussprechlichen Wahrheiten der Thora. Mir bestätigen diese Worte, dass die Wahrheit universal gültig, zugleich aber auch höchst persönlich ist. Sprache hat ihre Grenzen; sie kann die Wahrheit niemals erschöpfend darlegen, nur auf sie hindeuten und uns den Anstoß geben, sie in der eigenen Erfahrung zu finden. Auch die Hindus sagen ja: »Der Finger, der auf den Mond deutet, ist nicht der Mond; er weist den Augen nur die Richtung, in der sie ihn selbst sehen können.«

Die Wahrheit sehen, das ist keine gedankliche Vorstellung, sondern eine Erfahrung. Lauschen Sie also mit dem Herzen, seien Sie geduldig, wenn Sie die folgenden Worte lesen. Denken Sie dabei daran, nach einer *Erfahrung* Ausschau zu halten, die sich in der Form eines Gefühls einstellt. Auch Ihre Erfahrung der Wahrheit wird nicht in Worte zu kleiden sein – wie ein angenehmer kühler Windhauch an einem heißen Sommertag, unsichtbar.

Die Worte »Nach innen schauen« sind mittlerweile zu einem Klischee geworden, dessen eigentliche Bedeutung uns zumeist verborgen bleibt. Wenn ich sie benutze, meine ich eines jedenfalls nicht damit: dass Sie sich auf Ihren Verstand und seine fertigen Überzeugungen besinnen sollen, um Ihren Problemen beizukommen. Im Gegenteil. Ein solches Analysieren blockiert vielmehr gerade Ihre Fähigkeit, den Blick nach innen zu wenden.

Für mich heißt nach innen blicken, dass wir den Verstand stilllegen, damit ein Raum entsteht, in dem unser wahres Ich uns seine Einsichten und Offenbarungen mitteilen kann. Vieles kann dazu beitragen, dass unser Blick sich nach innen wendet: kontemplative Betrachtung und das Problem »von der Kochstelle nehmen« zum Beispiel; auch kann es sein, dass uns die Eingebungen beim Aufwachen, während des Fitnesstrainings oder bei irgendeiner beruhigenden Tätigkeit kommen. Zum inneren Heiligtum der Wahrheit wird jeder seinen eigenen Weg finden.

Wohin geht der Blick nach innen?

»Innen« ist keine Stelle im Körper, wie etwa das Herz oder das Gehirn. Innen ist ein Seinszustand.

Und dieser Seinszustand ist das, was wir im Kern sind. Da dieses Sein keinen Ort hat und unsichtbar ist, lässt es sich kaum beschreiben, aber es ist die schöpferische Kraft, die in unserem Leben wirkt. Wir geben ihm Namen wie »Bewusstsein« oder »Seele« oder »Ich bin«. Es ist das Schatzhaus all unserer Träume, unserer Herzenswünsche, unserer wahren Bestimmung, unserer natürlichen Begabungen – das Schatzhaus alldessen, wonach wie uns sehnen oder was noch gar nicht als Inhalt unserer Sehnsucht bewusst geworden ist.

Das Sein wird nicht vom beschränkten Denken des Ego hervorgebracht. Es ist das grenzenlose wahre Ich, das mit der universalen Intelligenz eins ist. Wir alle haben schon in ganz gewöhnlichen Lebenssituationen erlebt, wie es sich anfühlt, unser wahres Ich zu sein – wenn wir etwas wirklich Schönes sehen, die Liebe zu einem Kind spüren, wenn wir für einen Augenblick erleben, dass alles gut ist, wenn wir uns verlieben oder einen schöpferischen Einfall haben, auf den noch niemand gekommen ist. Wenn wir innerlich den Kontakt mit unserem Sein spüren, und sei es auch nur für einen kurzen Moment, wissen wir um unsere Kraft, um unsere Verbundenheit mit der gesamten Schöpfung, dann fühlen wir unsere Liebe, fühlen uns heil und ganz.

Viele Jahre lang habe ich geglaubt, solche Augenblicke hätten mit den Menschen zu tun, mit denen ich gerade zusammen war, oder mit Naturschönheit oder mit einem Song, der mich begeisterte. Ich wusste nicht, dass ich selbst, mein wahres Ich, diese kostbaren Augenblicke schuf. Diese Augenblicke lagen so weit ab von meinem gewohnten Erleben, dass ich annahm, sie müssten von außen kommen. Folglich versuchte ich sie wieder herbeizuführen, indem ich ähnliche äußere Umstände herstellte. Aber die Freuden, die ich so erlebte, waren flüchtig oder stellten sich gar nicht erst ein. Nur allmählich wurde mir bewusst, wie sehr sich die Erfahrung meines wahren Ich von der gewohnten Ego-Erfahrung unterschied und dass es nur natürlich war, dass ich sie nicht erkannte. Von da an hielt ich mich offen für das Unbekannte und ließ nicht mehr ab von dem Vorhaben, mein wahres Ich zu finden.

Unser ganzes Leben lang sind wir auf der Jagd nach diesen Augenblicken der Verbundenheit mit dem Sein. Dann fühlen wir uns sicher und geborgen, alles ist gut. Wir nähern uns diesem Zustand immer dann, wenn wir *präsent* sind, wenn wir uns nicht von unserem aus Ängsten, Stress, Sorgen und anderen unerfreulichen Regungen bestehenden Normalzustand mitreißen lassen. Wenn die Gedanken abziehen wie Wolken am Himmel, zeigt sich unser Sein, und die ewige Sonne scheint.

Sich nach innen zu wenden und das Schatzhaus des Seins aufzusuchen, das kann sich anfangs sehr fremd, wenn nicht unbehaglich anfühlen, weil die Ego-Angst längst Gewohnheit oder sogar schon zur Sucht geworden ist, aber eigentlich ist es ganz natürlich. Leider ist es bei dieser Sucht wie bei allen anderen so, dass die ihr (mehr oder weniger stark) Verfallenen gar kein Problembewusstsein haben. Angst kommt ihnen so normal vor wie einem Alkoholiker das Trinken oder die Zigarette einem Raucher.

Die Schädlichkeit der Angstsucht ist viel schwerer zu erkennen, als es bei Alkoholismus, Drogensucht oder Tabakabhängigkeit der Fall ist. Von der Gefährdung durch Alkohol, Drogen und Tabak ist allenthalben die Rede, Angst aber empfindet niemand als untragbar, und keiner sagt, dass wir alle angstsüchtig sind und bloß versuchen, diese Sucht herunterzuspielen. Nein, die meisten Menschen finden Angst völlig akzeptabel, denn wer in dieser Welt der ständigen Bedrohungen ohne Ängste lebt, kann doch sicher nur realitätsblind sein.

Der Teufelskreis der Angst wird durch Sorgen, Stress, Spannung, bange Vorahnung, Langeweile und Überdruss, also von lauter alltäglichen Dingen aufrechterhalten und hat vieles mit dem gemein, was jeder Drogensüchtige zur Genüge kennt: die ewige Abfolge von Gier, an nichts anderes mehr denken können, Suche nach Stoff, Griff zur Nadel, kurze Befriedigung und wieder Gier. Entspannung, die Dinge auf sich beruhen

61

lassen, das heben wir uns für den Urlaub auf. Im »normalen Leben« gibt es so etwas höchstens für kurze Augenblicke.

So sehr ist die Angst zum Gewohnten geworden, dass viele ganz gezielt Situationen suchen, in denen sie mehr davon bekommen. Adrenalin-Junkies werden süchtig nach Betätigung auf geeigneten Gebieten: Glücksspiel, Ladendiebstahl, Extremsport, Sexsucht; beliebt sind heutzutage auch hochriskante Börsenspekulationen, bei denen es vor allem um den »Angst-Flash« geht.

Kürzlich habe ich ein Radiointerview mit einer Frau gehört, die in einer Bar als Kassiererin arbeitete. Sie hatte angefangen, jeden Tag kleine Geldbeträge für sich abzuzweigen, zunächst, um ihren geringen Lohn etwas aufzubessern, dann jedoch zunehmend wegen des Nervenkitzels, ob man sie erwischen würde. Schließlich entwendete sie bis zu tausend Dollar pro Abend. Als Erklärung hatte sie sich zurechtgelegt, dass Gott ihr beistehe. Und damit er auch seinen gerechten Anteil bekam, beteiligte sie sich sonntags in der Kirche immer großzügig an der Kollekte. In diesem Interview gab sie zu, dass es nie um Geld ging. Sie war einfach süchtig nach dem Nervenkitzel der Angst.

Meine Suche

Einen großen Teil meines Lebens habe auch ich mit den Fragen gerungen, die uns alle verfolgen. Die Suche nach Antworten hat mir eine reiche Ernte eingebracht, denn ich war schließlich gezwungen zu erkennen, dass die Wahrheit nicht außerhalb meiner selbst zu finden ist. Ich fand mein wahres Ich, und da sind alle Antworten, da ist das Leben in Frieden.

Ich empfinde tiefe Liebe zur Erde und zur Menschheit, was natürlich insbesondere meine Frau, meine Familie und meine

Freunde einschließt. In dieser Welt, die nach der Meinung vieler Zeitgenossen immer mehr ins Chaos abgleitet, lebe ich in Frieden. Ich habe herausgefunden, dass ein angstfreies Leben nicht nur mehr Spaß macht, sondern auch mehr Sicherheit, Freiheit und Fülle bietet. Zudem ist es auch der Gesundheit und der Liebe zuträglicher.

Bin ich vielleicht realitätsblind, dem Wahn oder irgendwelchen Drogen verfallen, ein Drop-out? Nein, all das bin ich nicht, ich lese auch weiterhin die Zeitung und bin nicht in eine Höhle im Himalaja umgezogen. Ich stehe mit beiden Beinen im Leben, habe aber Frieden gefunden und eine Freude, von der ich selbst nicht geglaubt hätte, dass sie auf dieser Erde möglich wäre.

Mit anderen Worten: Ich habe herausgefunden, wie ich mein Leben von meinem wahren Ich her leben kann. Ich weiß jetzt, was ich in meinem innersten Wesen bin: vollkommen geborgen und eins mit anderen. Mir ist bewusst, was ich hier soll, ich bin Liebe, Seelenfrieden, Freude und das tiefe Wissen, dass alles gut so ist, wie es ist. Man könnte auch sagen, dass ich für mich entdeckt habe, was es heißt, in der Welt und doch nicht von der Welt zu sein.

In der Welt, nicht von der Welt

Was ich mit »in der Welt, nicht von der Welt« meine, ist der eigentliche Kerngehalt dieses Buchs. Es bedeutet, dass wir nicht mehr vom Standpunkt der Angst und des Ego-Denkens aus auf die Welt reagieren, sondern von unserem wahren Ich her und mit der Stimme der Liebe antworten. Und diese Antwort aus Liebe ist klug, schöpferisch und frei von Angst.

Wo wir in der Welt, aber nicht von der Welt sind, können wir uns aktiv und engagiert auf das Leben einlassen, ohne von den Umständen und Ereignissen oder von den Menschen, ihren Stimmungen, ihrem Tun, ihren Urteilen über uns abhängig zu sein. Wir leben in der Welt, aber sie bestimmt uns nicht.

Wir wissen, es gibt etwas, das die äußere Welt transzendiert, und das ist unser wahres Ich. So leben wir also in der Welt, sind aber vom wahren Ich. Mit dieser tiefen Erkenntnis sind wir unabhängig von der Welt und allem Unerfreulichen, das es in ihr gibt.

Aus der Betrachtung der Unterschiede zwischen dem wahren Ich und dem falschen Ich, das wir Ego nennen, ergibt sich, dass es nur ein einziges Mittel gegen die Angst gibt: die Rückkehr zum wahren Ich. Bei dieser »Heimkunft« offenbart sich, mit welcher Leichtigkeit wir dieses Leben leben können, gerade in Zeiten des Terrorismus, der Umweltkrisen, der wirtschaftlichen Ungewissheit und des rapiden technischen und sozialen Wandels.

》 MERKHILFEN

- Wir terrorisieren uns mit unseren Gedanken und nehmen in unserer Unbedarftheit überhaupt nicht wahr, dass wir selbst die Urheber unserer Ängste sind.
- Es gilt zu erkennen, dass wir nicht das Bündel von Persönlichkeitsmerkmalen, Gewohnheiten und Glaubenssätzen sind, das wir Ego nennen, sondern dass unser wahres Ich sehr viel mehr ist, grenzenlos. Daraus ergibt sich die Chance, uns genau das Leben zu erschaffen, das wir uns wünschen.
- Die Entdeckung unseres wahren Ich ist *das* Gegenmittel gegen die Angstsucht.
- Unser wahres Wesen ist Geist.

4   Wir sind Schöpfer

Wir alle erschaffen unsere Erfahrungen selbst. Unser Weg durchs Leben ist von Gedanken, Entscheidungen, Aussagen und Überzeugungen begleitet, mit denen wir allem, was in unserem Leben vorgeht, Deutungen unterlegen. Wie wir die Dinge jeweils erleben, ist überwiegend durch unser Denken bestimmt und in diesem Sinne »erschaffen«. Ob bewusst oder unbewusst, wir denken ständig in den »Kulissen« unserer Erfahrungen, und unser Denken bestimmt unsere Wahrnehmung, unsere Deutungen, unsere Gefühlsregungen und unser Handeln. Mit diesem wenig oder gar nicht bewussten Denken schaffen sich die meisten Menschen ein Leben voller Angst, Stress, Sorgen und Unzufriedenheit.

Gelegentlich schrecken wir hoch und spüren: »Das bilde ich mir doch alles bloß ein.« Doch bei den meisten Menschen kommen solche lichtvollen Augenblicke leider nur sehr selten vor.

Während ich dies schreibe, muss ich an gestern Abend denken. Ich saß mit einem Freund, der landesweit als Experte für den Klimawandel anerkannt ist, beim Abendessen. Was er mir an Zukunftsszenarien unterbreitete, war so erschreckend, dass ich für einen Moment die Fassung verlor und drauf und dran war, in die »gebotene« ratlose und bange Mutlosigkeit zu verfallen. Mir wurde ganz flau im Magen, und das war für mich das Zeichen, dass ich gerade dabei war, meine gedanklichen und emotionalen Reaktionen roboterartig laufen zu lassen. Da war sie wieder, diese allzu vertraute Zwickmühle: Einerseits möchte ich informiert sein, um für meine Familie und mein Lebensumfeld gegebenenfalls die notwendigen vorbeugenden Maßnahmen treffen zu können, aber Panik möchte ich nicht. Ich möchte nicht in Angst leben. Mein sinkender Mut und dieses flaue Gefühl in der Magengrube erinnerten mich jetzt daran, dass ich selbst der Schöpfer meiner Erfahrungen bin. Und daran schloss sich automatisch die alles entscheidende Frage an: »Soll mein Leben von meinem angstbesetzten Ego bestimmt sein oder von meinem wahren Ich mit seiner Weisheit und Hoffnung?« Die Entscheidung fiel mir nicht schwer, und so schwenkte ich einfach um. Ich beruhigte mich, sah die Dinge in Relation, und mir wurde klar, dass es in meiner Welt Dinge gibt, die ich ändern kann, und andere, die ich einfach hinnehmen muss.

Ich bin sehr, sehr froh, dass ich gelernt habe zu unterscheiden, wann mein Ego versucht, mich in die Angst zu locken, und wann mein wahres Ich die Führung innehat. Diese Freiheit können Sie auch finden, wenn Sie einmal verstanden haben, dass wir unser Leben selbst gestalten, und wenn Sie bereit sind, sich von den Gewohnheiten des Ego zu lösen.

Was, wenn wir uns jeden Morgen beim Aufwachen klarmachen würden, dass wir selbst die Autoren unserer Lebenserfahrung sind? Was, wenn wir bewusst leben und denken würden? Was, wenn wir unser Leben an den Kriterien unseres wahren Ich und seiner universalen Intelligenz ausrichten würden, statt dem Hasenfuß-Ego mit seinem ewig gleichen Trott die Führung zu überlassen? Was also, wenn wir unser Leben an der Wahrheit orientieren würden?

Uns allen steht diese Möglichkeit offen, wir müssen nur bereit sein. Wir müssen bloß innehalten und auf unser wahres Ich lauschen. Sobald wir dann aufmerksam sind, haben wir die Wahl.

In diesem Kapitel werden wir betrachten, wie wir unsere individuelle Wirklichkeit selbst erschaffen, und durch die Betrachtung wird unser Bewusstsein für diesen Prozess geschärft. Durch bewusste und unbewusste Gedanken, aber auch Richtungsentscheidungen erzeugen wir unsere Wirklichkeit von Augenblick zu Augenblick. Es steht uns frei, unserem angstbesetzten Ego diese Schöpfung zu überlassen oder unsere spirituelle Essenz, unser wahres Ich, ins Spiel zu bringen. Und was wir hier an Einsichten gewinnen, lässt sich in ein Vorgehen übersetzen, mit dem wir den Teufelskreis unserer Angstsucht durchbrechen können.

Unser Schöpfungsprozess

Ohne es recht zu bemerken, treffen wir im Laufe eines Tages vielerlei Feststellungen: »Ich bin ja so antriebslos!« – »Mir wächst alles über den Kopf! Das schaffe ich doch nie!« – »Das Leben ist schwer.« – »Ich bin so dick, hässlich, vernagelt, durchgedreht, nervös, verängstigt, unausstehlich, gestresst!« Alles, was wir uns da so sagen, bildet quasi den Prägestock für unsere Wirklichkeit. Denn das, was wir glauben, wirklich glauben, erfahren wir auch, es widerfährt uns. Das unaufhörliche innere Murren ist die Stimme unseres Ego, und dem fällt gar nicht auf, dass es sich in einem Strudel selbst erzeugter Gedanken ständig um die eigene Achse dreht.

Den größten Teil meines bisherigen Lebens hatte ich keine Ahnung, dass ich meine Wirklichkeit selbst hervorbringe. Mir war beigebracht worden – und ich glaubte es unbesehen –, dass mein Leben »da draußen« gemacht wird: von anderen Leuten (Eltern, Lehrer, meine Frau, jemand am College), durch Situationen und Ereignisse (Wetter, Verkehr, Arbeitsumfeld, Körpergewicht, Finanzen, Weltereignisse) und natürlich von meiner Vergangenheit (Schmach, die mir angetan wurde, Erfolge und Misserfolge, fremde und eigene Erwartungen, die es zu erfüllen galt). Das Leben schien genau die Summe all dessen zu sein, was mir zugeteilt war: genetische Ausstattung, Chancen, Eltern, Familie, Ausbildungsstätten und alles, was das Leben so »mit sich bringt«. Ich tat mir oft leid, sah mich als Opfer der Umstände. Wenn ich mich, was ebenfalls vorkam, anderen überlegen fühlte, dann aufgrund meiner Leistungen, meiner Wertvorstellungen, meiner Taten, meines Aussehens oder meiner Besitztümer. Ständig verglich ich mich, ich beurteilte mich und andere nach dem Kriterium, wie gut wir fremde und eigene Erwartungen erfüllten.

Es war die Welt des Ego – beurteilen, analysieren, sich ins Zeug legen, Erwartungen haben und am Schluss gestresst und mit schlechtem Gewissen dastehen. Dass ich all das mit meinen eigenen unbewussten Gedanken in die Wege leitete, entging mir. Natürlich wurde ich von meiner Familie, von Altersgenossen und der Gesellschaft insgesamt tatkräftig unterstützt, aber *ich selbst* hatte unter allen Möglichkeiten die Wahl getroffen und das Drehbuch meines Lebens verfasst. Ich selbst war der Autor.

Als mir das zu dämmern begann, war ich dreiunddreißig. Ich kam mir zwar etwas blöd vor, war aber auch erleichtert. Ich fühlte mich frei, unschuldig. Ganz arglos hatte ich alle meine Gefühle und meine gesamte Lebenserfahrung selbst erschaffen, und als das klar war, fand ich die Kraft, mir zu verzeihen.

Denn von nun an wusste ich, dass ich alles, was mir im Leben begegnet, mit meinen Gedanken erschafft habe, dass ich mich entscheiden kann und dass ich dabei nicht länger auf mein beschränktes Ego angewiesen bin, sondern meinem grenzenlosen wahren Ich die Führung anvertrauen kann, meinem Geist, der unser aller Wesen ist.

Glauben Sie nicht alles, was Sie denken!

Die Einsicht, dass ich meine Wirklichkeit durch meine Gedanken und Entscheidungen selbst herstelle, befreite mich aus dem Gefängnis meines Denkens. Ich hielt mich zwar noch oft in der alten Zelle auf, wusste von nun an aber, dass die Tür nicht abgesperrt war. Immer wenn mir auffällt, dass ich wieder mal im Gefängnis meines eingefahrenen Denkens bin, muss ich mich nur daran erinnern, dass ich durch meine Gedanken und Entscheidungen mein Leben gestalte, schon habe ich die Freiheit, etwas anderes zu wählen. Einfach nur bemerken – das allein hat mein angst- und stressbeladenes Dasein in ein Leben inneren Friedens und klaren Denkens verwandelt.

Uns allen ist es gegeben: unser Leben zu erschaffen, unsere Gedanken zu wählen, ihnen nachzugehen und sie zu verstärken. Deshalb ist es wichtig, nicht alles zu glauben, was wir so denken. Denn wenn uns ein Gedanke kommt, heißt das noch lange nicht, dass er auch zutrifft und klug ist oder überhaupt Beachtung verdient.

Jeden Tag kommen mir belanglose, unkluge, falsche, sogar potenziell schädliche Gedanken in den Sinn, und so gut wie immer haben sie mit alten Prägungen zu tun. Kluge, nützliche, liebevolle, intelligente Gedanken stellen sich natürlich ebenfalls ein. Welcher Art sie aber auch sein mögen, ich weiß immer, dass *ich* die Nabe dieses Rades bin: mein Bewusstsein, mein Unterscheidungsvermögen, der Beobachter, der Zeuge, mein wahres Ich. Da sitze ich also mitten in meinen Gedanken und entscheide bei jedem einzelnen selbst, ob ich auf ihn höre oder ihn überhöre, ob ich ihn in die Tat umsetze oder erst noch vertiefe, ob ich ihn warmhalte, meine Fantasie mit ihm spielen lasse, anderen von ihm erzähle, ihn vergesse, ihn annehme oder verwerfe und was der Möglichkeiten mehr sind. Ich bin frei. Sie sind es auch.

Die Macht des »Ich bin«

Ich bin. Eine schlichte Feststellung. Ich bin. Was ich daran anschließe, ist meine *Schöpfung*.

Ich bin froh. Ich bin traurig. Ich bin voller Hoffnung. Ich bin deprimiert. Ich bin verstört. Ich bin ein Glückspilz. Ich bin ... Tragen Sie hier irgendetwas ein, und Sie werden denken, es sei so.

Als göttliche Wesen genießen wir das Privileg, unser Leben Gedanke für Gedanke erschaffen zu können. Wenn wir einmal aufwachen und sehen, dass unsere Träume und Albträume, unsere Hoffnungen und Erwartungen unsere eigene Schöpfung sind, wissen wir auch, dass *alles* unsere Schöpfung ist.

Ich bin. Diese beiden simplen und doch so machtvollen Worte leiten den Schöpfungsakt ein. Ist das nicht allerhand? Und es wird noch erstaunlicher, noch aufregender, wenn es uns Augenblick für Augenblick bewusst ist.

Sobald uns bewusst ist, dass wir sehr direkt an der Erschaffung unserer Wirklichkeit und unserer Welt beteiligt sind, können wir unseren freien Willen gezielt einsetzen. Ohne Bewusstsein bleiben wir einfach Spielball unserer Konditionierung. Machen wir uns klar, dass wir zwar konditioniert sind, aber nicht mit unserer Konditionierung identisch sein müssen – wie wir auch in der Welt sind, aber nicht von der Welt sein müssen. Es steht uns frei, unserem konditionierten Denken die Macht zu überlassen oder nicht.

Ich bin ist *das* Instrument der Schöpfung. Das *Ich* ist die Energie, die Quelle, der Autor. *Bin* ist die Freisetzung dieser Energie in die Welt der Form, die Welt der Sinne. Es ist wie bei einem Lichtschalter: Mit dem *bin* fällt Licht auf die Gedanken und Überzeugungen, die wir verstärken wollen.

Zweierlei Schöpfung

Viele unserer Gedanken sind ein Nachhall früherer Erlebnisse und repräsentieren Entscheidungen, die nicht unbedingt bewusst getroffen wurden. So habe ich als Kind zum Beispiel mitbekommen, dass meine Eltern sich ständig über alles Mögliche Sorgen machten – das Geschäft der Familie, Geld, die Kinder, die Wirtschaft, das Wetter und so manches, was in den Nachrichten kam. Ich beobachtete das und kam zu dem Schluss, dass Sorgen wohl einfach einen Großteil des Alltags ausmachen. Woher hätte ich auch wissen sollen, dass man sich für Sorgen entscheidet und dass man Sorgen auch *weglassen* kann? Folglich wurde ich auch ein Sorgenmacher, erst recht, als wir ein Kind bekamen. Zur Vaterrolle gehörten Sorgen einfach dazu, dachte ich. Nicht dass ich mich bewusst dafür entschieden hätte; etwas anderes kam mir gar nicht in den Sinn. Trotzdem war das Sorgenmachen eine Wahl, eine Entscheidung, die ich irgendwann, wenn auch unbewusst, getroffen hatte.

Die unterschwelligen Einflüsse unserer Erziehung stelle ich mir ungefähr wie das Leben unter einer Hochspannungsleitung vor. Wir bewegen uns ständig in einem elektrischen Feld von erheblicher Stärke, man sieht aber nichts davon, und wir merken es auch nicht direkt. Der Langzeiteffekt ist dennoch nicht zu unterschätzen.

Es geht mir nicht darum, untaugliche alte Konditionierungen lediglich durch neue, bessere zu ersetzen. Denn was hätten wir, nachdem an die Stelle der einen Gedanken andere getreten wären: doch wieder nur Kreationen des Ego, mögen sie auch positiver, klüger und hochwertiger sein. Es gibt viele Bücher über positives Denken, Affirmationen, Umprogrammierung des Denkens, das Erreichen von Zielen – einen ganzen Strauß von Ansätzen aus New-Age-Denken und Pop-

Psychologie. Diese Ansätze bewirken zwar kurzzeitig Veränderungen unseres Denkens und Verhaltens, aber danach stehen wir mit neuen Problemen da, die unser Glück und unseren inneren Frieden behindern. Oder wir werden der Rituale überdrüssig und fallen in unsere alten Gewohnheiten zurück. Warum? Weil diese Ansätze dem Ego mit seinem beschränkten Trennungsdenken entspringen.

Nur die Gedanken unseres wahren Ich entstammen dem Göttlichen und schwingen daher in Harmonie mit allen und allem. Gedanken des Ego tendieren gern in Richtung Habgier, Disharmonie und Vorteilssuche im Umgang mit Mensch und Natur. In der Welt des Ego ist nichts je genug – Geld, Macht, Liebe, Besitz, Sicherheit, Information oder Vergnügen. Wenn wir hingegen von unserem wahren Ich aus denken, sind unsere Gedanken umsichtig, einsichtig und gründen in der universalen Intelligenz. Dann haben wir Zugang zum Inhalt unseres Gedächtnisses, aber auch zur Intuition, zu schöpferischen Gedanken und Erkenntnissen – und zudem die Fähigkeit, all das zu einem sinnvollen Ganzen zusammenzufügen und ein Leben in Geborgenheit und Schönheit daraus zu machen. In all der Fülle fühlen wir uns reich und sind voller Dankbarkeit.

Wenn wir auf die Stimme unseres wahren Ich aufmerksam werden, hören wir Gedanken, die aus dem reinen Bewusstsein kommen und von göttlicher Natur sind. Reine Gedanken und reines Bewusstsein entspringen dem Sein, unserem wahren Wesen. Wir sind unserer Natur nach göttlich.

Es scheint, dass die Gedanken des kleinen Ego unser Denken beherrschen, doch die ruhige, zurückhaltende Stimme des wahren Ich ist immer da und flüstert uns die Wahrheit zu. Wenn wir innehalten und in uns hineinhorchen, hören wir seine Weisheit. Und wann immer wir von der Quelle der Weisheit des wahren Ich trinken, erfrischt, belebt und erneuert sie uns wie klares Wasser aus einem tiefen Brunnen. Dann wissen wir: Dieser Brunnen ist immer da, wir müssen nur beschließen, uns daraus zu bedienen. Wir wenden uns vertrauensvoll nach innen. Dann legen sich unsere Befürchtungen und Ängste, der Geist wird gelassen und still. In dieser Stille finden wir das reine Bewusstsein, das wir unser Leben lang gesucht haben, und aus ihm tauchen weise, ermutigende, wahrhaftige und aufrichtige Gedanken auf.

Manchmal vernehmen wir diese leise Stimme der Weisheit, wenn das Ego mit seinem eingefahrenen Denken vorübergehend ausgeschaltet ist. So berichten viele Menschen etwa, dass in schweren Krisen oder lebensbedrohenden Situationen eine große Ruhe über sie kam und sie einen Augenblick der Klarheit erlebten, in dem sie blitzschnell und intelligent reagieren konnten. Andere erleben und erfahren diese Weisheit im Urlaub, in der Natur, beim Sport oder in tiefer Meditation. Solange wir jedoch die hier wirksamen Prinzipien nicht durchschaut haben, müssen wir immer darauf warten, dass dieser Zustand des natürlichen Bewusstseins durch die Umstände wieder einmal ausgelöst wird.

Sie werden jetzt wissen wollen, wie man denn solche ungewöhnlichen Zustände gezielt herbeiführen kann. Nun, zunächst müssen Sie lernen, zwischen dem vom Ego behafteten Denken und der Stimme Ihres wahren Ich zu unterscheiden.

Gefühle als Orientierungshilfe

Wenn das Ego und unsere Gewohnheiten bei der Erschaffung unserer Wirklichkeit den Ton angeben, stellen sich schnell unangenehme Gefühle ein: Angst, Stress, Gram, Zorn, Schuldgefühle, Reue, Depression, Befürchtungen und was dergleichen mehr ist. Natürlich kommen auch angenehmere Empfindungen vor, etwa freudige Erregung, Überlegenheitsgefühle, das Bewusstsein, etwas geleistet zu haben, Stolz, Befriedigung. Das Ego kann positive und negative Gefühlsregungen erzeugen, sie alle aber sind von äußeren Bedingungen oder den Reaktionen anderer abhängig. Wenn die Sonne scheint, ist alles gut; wenn es regnet, sind wir bedrückt. Wenn du tust, was ich möchte, bin ich froh; tust du es nicht, bin ich enttäuscht. Steigen die Börsenkurse, fühle ich mich sicher; fallen sie, packt mich die Angst.

Erschaffen wir unsere Wirklichkeit dagegen nach den Gedanken, die unserem göttlichen Bewusstsein entspringen, sind unsere Gefühle durchwegs stark und positiv. Sie hängen nicht von äußeren Dingen ab, sondern entsprechen einfach unserer Geistesverfassung. Einerlei, wie es um das Wetter oder die allgemeine Weltlage oder die Launen der Leute oder unseren Kontostand bestellt ist, wir sind froh und fühlen uns wohl, weil die Erschaffung unserer Wirklichkeit in den Händen unseres wahren Ich liegt.

Gefühlsregungen sind biochemisch vermittelte Folgeerscheinungen unserer Gedankengänge. Mit jeder gedanklichen Assoziationskette und den zugehörigen Neuropeptiden erzeugen wir eine ganze Kaskade von Gefühlen. Demnach sind Gefühle eigentlich eine Rückmeldung und geben uns Aufschluss darüber, wie es gerade um unser Denken und Verhalten bestellt ist. Wenn wir unsere Gefühle als Feedback wahrnehmen, statt uns ihnen einfach nur auszuliefern, können wir uns fragen: »Woher kommt dieses Gefühl, von meinem wahren Ich oder von meinem Ego?« Dann können wir darauf vertrauen, dass die universale Intelligenz in uns immer darauf aus ist, uns über Gefühle und Empfindungen zu unserem wahren Ich zurückzuführen. Wenn wir unsere Gefühle einfach nur bewusst wahrnehmen, ohne sie zu beurteilen, wird uns das in einen Zustand ruhiger Gelassenheit zurückversetzen. *Bewusst-*

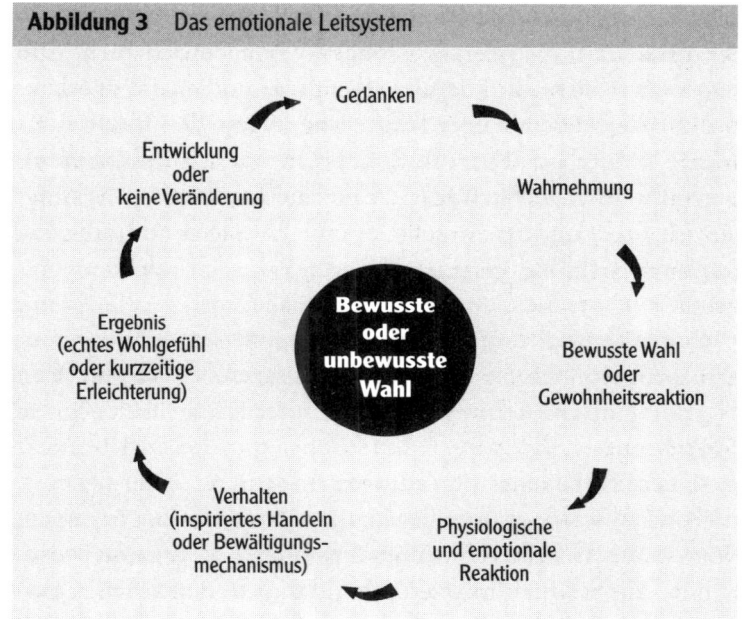

Abbildung 3 Das emotionale Leitsystem

Gedanken

Entwicklung
oder
keine Veränderung

Wahrnehmung

Ergebnis
(echtes Wohlgefühl
oder kurzzeitige
Erleichterung)

**Bewusste
oder
unbewusste
Wahl**

Bewusste Wahl
oder
Gewohnheitsreaktion

Verhalten
(inspiriertes Handeln
oder Bewältigungs-
mechanismus)

Physiologische
und emotionale
Reaktion

sein ohne Urteil – diese Haltung gegenüber unseren Gefühlen bringt uns wieder in Verbindung mit unserem wahren Ich und seiner Weisheit.

Abbildung 3 deutet an, welche unterschiedlichen Verläufe sich ergeben, je nachdem, ob wir unsere Gefühle als Signale auffassen oder nicht.

Angst ist ansteckend

Oprah Winfrey hat in letzter Zeit dem Thema »Angst« mehrere Sendungen gewidmet. Einmal ging es um die Vogelgrippe: Wie gefährlich sie wirklich ist, wie man sich schützen kann und welche sinnvolle Reaktion es überhaupt darauf geben könnte.

Oprah hatte einen Experten eingeladen, und der breitete nun die Fakten aus, vergaß auch Katastrophengemälde nicht und teilte schließlich mit, die Gesellschaft sei auf solche durchaus realen Möglichkeiten überhaupt nicht eingestellt. Oprahs Blick wurde immer besorgter, und dasselbe war im Publikum zu beobachten. Schließlich gestand sie dem Experten: »Das klingt ja wirklich beängstigend, man möchte fast sagen hoffnungslos. Ich habe nicht die geringste Ahnung, wie ich mit dem umgehen soll, was Sie da mitteilen, und dabei sprechen Sie ja nur von einer der vielen möglichen Katastrophen in unserer heutigen Welt. Können Sie mir nicht etwas sagen, was ein bisschen Hoffnung macht?« Der Akademiker sprach dann aber nur von Vorkehrungen, die man treffen könne, zum Beispiel Kontakt zu seinem Parlamentsabgeordneten aufnehmen, Nahrungsmittel- und Wasservorräte anlegen oder Atemmasken besorgen. Auf Oprahs Gemütsverfassung, ihre Ängste, ging er nicht ein, er blieb einfach bei den praktischen Dingen, mit denen er sich auskannte. Die tiefe Ratlosigkeit und Verstörung bei Oprah Winfrey und im Publikum war deutlich zu spüren.

Auch mir wurde im Verlauf der Sendung immer mulmiger zumute. Bis es mir auffiel, und dann konnte ich von Angst und Ratlosigkeit sehr schnell zu Gelassenheit und Hoffnung zurückkehren, weil ich mir eine starke innere Widerstandskraft gegen die Ängste der Welt aufgebaut habe. Wie das körperliche Immunsystem uns mit Viren fertig werden lässt, so macht ein starkes mentales Immunsystem uns fähig, »ansteckenden« Gedanken ruhig und mit gesundem Augenmaß zu begegnen.

Wie ich zu dieser Immunität gekommen bin? Durch ausdauerndes Einüben des Umwandlungsprozesses, den ich Ihnen jetzt beschreiben möchte.

Angenommen, ich sehe mir die Nachrichten oder einen Kommentar im Fernsehen an. Einer der Experten sagt etwas,

was bei mir eine ganze Wolke von Gedanken entstehen lässt. Und das war vielleicht auch die Absicht: eine Reaktion zu provozieren, zum Beispiel für oder gegen eine bestimmte politische Entwicklung beziehungsweise Konstellation. Wenn ich ängstlich werde oder mich aufrege oder resigniert seufze, dann ist das für mich das Signal, sehr genau und intensiv hinzuhören. Vielleicht denke ich dann: »Interessant, dass ich so stark darauf reagiere.« Ich spiele also meine Reaktion nicht herunter, sondern frage mich, was es damit auf sich hat. In dieser Haltung der Neugier angesichts meiner eigenen Reaktionen kann ich ruhig überlegen und mich dann bewusst entscheiden, welchen Standpunkt ich einnehmen will, den meines wahren Ich oder den meines Ego.

Wenn ich mich empöre (was bedeutet, dass ich urteile), fühlen sich die begleitenden Körperempfindungen gar nicht gut an. Auch diese Gefühle kann ich als Information und Orientierungshilfe nutzen. Ich frage also weiter: »*Möchte* ich diese Empörung und diese urteilenden Gedanken? Welches Gewicht hat das, was da gesagt wurde, für mein persönliches Leben? Gibt es etwas, das ich selbst in dieser Angelegenheit tun möchte?« Wenn ich so frage, könnte mir zum Beispiel klar werden, dass meine Reaktion gar nicht so viel mit der Situation selbst zu tun hat, sondern dass sie auf alten Denkgewohnheiten und Glaubenssätzen beruht, denen jetzt einmal auf den Zahn gefühlt werden müsste. *Ich habe es in der Hand –* mich zu erregen, die Sendung weiterzuverfolgen oder nicht, meinen Gefühlsregungen nachzugeben oder mir über ihren Stellenwert in meinem Leben Klarheit zu verschaffen.

Für jede Situation in unserem Leben gilt, dass wir die Wahl haben, zu reagieren oder nicht zu reagieren. Wir können uns von unserer Weisheit zu einer Einschätzung leiten oder uns von Ängsten zu einer Reaktion *ver*leiten lassen. Der Fernseher entscheidet das nicht für uns. Wir selbst wählen unsere Reaktion und auch das, was wir daraus machen. Simples *Bemerken*, wie es uns dabei geht, genügt oft, um uns wieder auf den Weg unseres wahren Ich zu bringen und furchtlos zu leben. Entscheiden wir uns für die Angst, nehmen wir die Abzweigung in die Welt unseres beschränkten Ego; entscheiden wir uns für Frieden und Furchtlosigkeit, nehmen wir den anderen Weg in die grenzenlose Wirklichkeit unseres wahren Ich. Hier erkennen wir klar, was in unserer Hand liegt und was nicht, wie weit wir uns einlassen wollen oder eben nicht, wann Handeln und wann Rückzug besser ist. Das ist der Weg der Weisheit.

Der Angstsucht entkommen

Wenn uns bewusst geworden ist, dass Angst und Sorgen unserem Ego entspringen, sollten wir uns keine Vorwürfe machen, dass wir uns solchen Gewohnheiten überlassen haben. Viel wirksamer ist es, uns die Angst einfach nur urteilsfrei bewusst zu machen, dann kommt nämlich unsere göttliche Intelligenz ins Spiel und verwandelt die Angst in Gelassenheit. Mit allen Gedanken, Gefühlsregungen und Verhaltensweisen ist es so, dass sie sich durch urteilsfreies Bewusstwerden ganz von selbst verändern.

Wenn wir dagegen unsere Sorgen und Ängste herunterspielen oder gar leugnen, weil wir uns solche Regungen nicht eingestehen wollen, verdrängen wir sie aus unserem Bewusstsein, und dann projizieren sie sich hinter unserem Rücken auf andere Bereiche des Lebens. Zu Projektionen kommt es immer dann, wenn wir Gefühle verleugnen und die Denkgewohnheiten dadurch unbewusst geworden sind. Dann werden unsere Gedanken zu einer Art unsichtbarem Filter, der uns die Wirklichkeit mit vorgeprägten (aber eben unbewussten) Deutungen verschleiert. Nehmen wir also lieber *alle* Gefühle als vorübergehende Regungen hin, die uns nicht beherrschen können. Nur dann bleiben sie so flexibel, dass wir zu unserer Ausgeglichenheit zurückfinden können.

Unsere göttliche Intelligenz, unser wahres Ich, ist wie eine stetig brennende Zündflamme, die unsere Bewusstheit bei Bedarf jederzeit entfachen kann, damit wir zu unserem wahren Wesen zurückfinden. Eigentlich ist die göttliche Intelligenz unser Grundzustand, erfahrene Wirklichkeit wird sie jedoch nur, wenn es uns gelingt, von Gedanken und Gefühlen abzulassen, die uns schaden. Nehmen wir unser Menschsein einfach an, akzeptieren wir, dass von Zeit zu Zeit Angstsituationen entstehen – aber lösen wir uns dafür von Gedanken, die alte Gewohnheitsmuster des Denkens in Gang halten. Wenn wir dann ruhig überlegen und uns mit gezielten Fragen an unsere innere Weisheit wenden, wird sich die göttliche Intelligenz in der Form von Einsichten zeigen. Im sechsten Kapitel wird davon noch ausführlich die Rede sein.

Bei Oprah Winfreys Sendung über die Vogelgrippe wurden mir im Zusammenhang mit dem Szenario einer Epidemie Angstregungen bewusst. Ich beobachtete meine Gefühle und Gedanken urteilsfrei und fand so schnell zu meinem inneren Gleichgewicht zurück. Auf diese Weise musste ich das Thema nicht verleugnen, sondern konnte mich bewusst dafür entscheiden, mich nicht von der Angst überwältigen zu lassen. Früher wäre das anders gelaufen, da hätte ich reagiert wie so viele: Ich wäre in Panik verfallen oder hätte so getan, als wäre nichts. Das sinnvollere Verfahren könnte ungefähr wie in Abbildung 4 aussehen.

Abbildung 4 Transformation der Angst

Emotionale
Reaktion: Angst

Urteilsfreies
Bewusstmachen

Wachsende Zuversicht,
mit den Problemen
der Welt und des
eigenen Lebens umgehen
zu können

Bewusste Gefühle
und Gedanken
verlieren ihre
Wucht

Man wird ruhig
und ausgeglichen,
zu klaren Überlegungen
und Schlussfolgerungen
fähig

Dem wahren Ich die Führung überlassen

Wenn wir unsere Wirklichkeit von unserem wahren Ich aus
erschaffen, geschieht das mühelos, angstfrei und intelligent.
Wir umschreiben das mit Ausdrücken wie: Kreativität, Inspiration, Genie, Eingebung, Einsichten, in der »Zone« sein, im
Stand der Gnade sein.

Wir alle kennen Augenblicke dieser Art, haben kurze Ein-
blicke bekommen oder waren Zeugen, wie es bei anderen
geschah, bei Sportlern, Schauspielern, Rednern, spirituellen
Meistern und kleinen Kindern. Das scheinen seltene, beson-
dere Augenblicke zu sein, wenn wir aber im wahren Ich leben

und von da aus unsere Realität erschaffen, sind sie vollkommen natürlich.

Wir können nichts *tun*, um unser wahres Ich erscheinen zu lassen; wir *sind* es ja, und daran ist nicht zu rütteln. Aber wir können es vor uns selbst verbergen, wir können es Schicht um Schicht mit Ego-Denken zudecken. Wenn uns dann auffällt, dass wir in diesem Ego-Denken befangen sind, müssen wir nichts *unternehmen*. Wir sehen es uns einfach nur an. Wir analysieren die Gedanken nicht, beurteilen sie nicht. Wir akzeptieren sie und verzeihen uns, dass wir sie denken. Aber wir halten uns bereit für etwas Tieferes, öffnen uns. Und das wirkt wie ein Zauber: Wie von selbst wird spürbar, dass diese Gedanken sich lösen. Bewusste Betrachtung reicht aus, um die Angst in klare Einschätzung zu verwandeln. Auch wenn sich das wie Magie anfühlt, eigentlich ist es so selbstverständlich wie der Umgang mit etwas Heißem: Ich ziehe die Hand zurück, und augenblicklich lässt der Schmerz nach.

Wir bereiten hier den Weg für die Erfahrung unseres wahren Ich. Vielleicht ist zuerst ein Gefühl von Lösung oder Erleichterung zu spüren, ein Ruhigwerden. Dadurch öffnen wir uns und werden empfänglich für eine neue Art des Denkens und Fühlens, die von unserem wahren Ich ausgeht. Der bloße Gedanke, dass wir dieser Geist, diese universale Intelligenz *sind*, macht uns bereit, das wirklich bewusst werden zu lassen. Deswegen nenne ich es unsere »Grundeinstellung«. Unser wahres Ich ist das, was wir von Natur aus sind.

〉〉 MERKHILFEN

- Wir selbst sind die Schöpfer unserer Erfahrungen.
- Dieser Schöpfungsprozess ist entweder bewusst oder unbewusst.
- Wenn wir um diesen Schöpfungsprozess wissen, können wir unseren freien Willen ausüben.
- »Ich bin« ist die aktive Schöpferkraft.
- Unsere Schöpfungen gehen entweder vom Ego aus oder von unserem wahren Ich.
- Die Gefühle sagen uns, ob wir unsere Realität gerade vom Ego aus oder vom wahren Ich her erschaffen.
- Wenn wir unsere Ängste und Sorgen einfach urteilsfrei und ohne etwas tun zu wollen wahrnehmen, wandeln sie sich und werden zu Ruhe und Gelassenheit.

5   Ein schöpferisches Leben

Wir können unser Leben so gestalten, dass es der Angst keine
Angriffspunkte bietet. Unsere Wahlfreiheit gibt uns diese
Möglichkeit. Jede Entscheidung, jeder Entschluss ist die
schöpferische Umsetzung unseres freien Willens. Wir können
beschließen, unserem wahren Ich die Führung in unserem
Leben anzuvertrauen. Wir können auch die Entscheidung
treffen, in der Gefängniszelle unseres Ego zu bleiben. Wir
können uns die Schutz bietende Weisheit unseres wahren Ich
zu eigen machen oder uns dafür entscheiden, in der Umklam-
merung der Angst zu verharren.

In der Science-Fiction-Trilogie *Matrix* kommt unser Di-
lemma mit der Wahlfreiheit sehr schön zum Ausdruck. Die
Matrix-Welt ist in Wahrheit eine von Maschinen vorgespiegel-
te Wirklichkeit. Menschen agieren dort in einem von Maschinen programmierten mentalen Hologramm. Nichts von dem,
was sie wahrnehmen, ist wirklich vorhanden, es scheint nur so.
Tatsächlich, und das wissen die allermeisten nicht, werden sie
in einem künstlichen Koma gehalten und sind an Maschinen
angeschlossen, während sie geistig in einer künstlich erzeugten
Welt leben, die sie Realität nennen. Einige wenige entkommen
der Illusion und entscheiden sich für das »Kaninchenloch« und
ein Leben außerhalb der Matrix-Welt, »unplugged«. Sie erkennen, was real und was bloße Vorspiegelung ist, dann erst ist
wahre Selbsterkenntnis möglich. Nach klassischer Hollywood-
manier erzählt der Film auch vom Kampf des Guten gegen

das Böse, wobei die Maschinen für das Böse stehen und der menschliche Protagonist Neo das Gute verkörpert.

Im ersten Teil der Trilogie muss Neo über sein Schicksal entscheiden: entweder weiter in der künstlich vorgespiegelten Welt zu leben oder sie als Illusion zu durchschauen. Er stellt fest, dass er derjenige ist, dem die Aufgabe zufällt, allen anderen zu ihrer Freiheit zu verhelfen. Wir sind vor eine ähnliche Wahl gestellt: Geben wir die »Sicherheit« der zwar bekannten, aber illusorischen Ego-Welt für die unbekannte, dafür reale Welt des wahren Ich auf? Lassen wir die Angst hinter uns, um aus alten Denkgewohnheiten auszubrechen und in der Grenzenlosigkeit unseres wahren Ich zu leben?

Wir haben die Wahl. Wenn wir in der Illusion unseres alten Denksystems bleiben, werden wir uns weiterhin einbilden, dass wir durchaus Entscheidungen treffen, wenn wir mal dieses, mal jenes aus der großen Kiste der Illusionen hervorziehen. Wir können aber auch nach innen gehen, in die Welt der unbegrenzten Wahlfreiheit, die unser wahres Ich bietet. Es gibt nur eine Art von Freiheit, und die besteht darin, unserem wahren Ich die Führung zu überlassen.

Wie frei möchten Sie sein?

Ich habe die meiste Zeit meines Lebens unbewusste Entscheidungen getroffen, die letztlich auf Denkmustern beruhten, die ich von meiner Familie und Umgebung übernommen und durch eigene Erfahrungen untermauert hatte. Durch dieses unbewusste Entscheiden wurde ich ein Gefangener meines eigenen Denkens: abhängig von dem, was ich für möglich hielt, was mir meiner Einschätzung nach zustand und was ich als »normal« ansah. Erst als ich begriff, dass ich mir auf diese Weise eine Wirklichkeit schuf, die so beschränkt war wie meine Gedankenwelt, fasste ich den Entschluss, in meinem Denken Ruhe einkehren zu lassen und mir die wunderbaren Möglichkeiten einer unter Führung meines wahren Ich gelebten Lebens zu erschließen. Heute lebe ich so angst- und sorgenfrei, wie ich es mir nie hätte träumen lassen.

Möchten auch Sie frei sein? Möchten Sie Ihre *eigenen* Entscheidungen treffen, Entscheidungen, die Ihrer spirituellen Natur entspringen und nicht einfach von wohlmeinenden, aber befangenen Einzelnen beziehungsweise Institutionen an Sie weitergereicht wurden oder lediglich dem Zeitgeist entsprechen? Wenn ja, lesen Sie weiter, und entdecken Sie die Macht der Wahlfreiheit in Ihrem Leben.

Bewusstes und unbewusstes Denken

Tag für Tag gehen uns Tausende von Gedanken durch den Kopf. Etliche von ihnen sind rein assoziativ: Wir hören jemanden etwas sagen, und das erinnert uns an etwas, das wir bereits wissen. Augenblicklich stellen wir eine Verbindung zwischen diesen beiden Gedanken her und glauben dann, das, was der andere geäußert hat, tatsächlich verstanden zu haben. Unser in festen Gleisen rangierendes Denken wirkt wie ein Filter, der uns nie richtig zuhören lässt und unsere gesamte Wahrnehmung einschränkt.

Ganz selten nur sind wir entspannt genug, um das, was ein anderer sagt, wirklich aufnehmen zu können. Aber erst, wenn wir in der Lage sind zu unterscheiden, ob wir von unserem kleinen Ego und seinen Gewohnheiten oder von unserem wahren Ich in seiner grenzenlosen Weisheit her denken, kann eigentliche Wahlfreiheit entstehen. Anderenfalls mögen wir zwar wählen, werden dabei aber immer von der unbewussten Blindheit des Ego geleitet.

Um unserem freien Willen entsprechend handeln und unsere Entschlusskraft nutzen zu können, um das Leben von unserem wahren Ich her zu gestalten, müssen wir lernen, wie man bewusst bleibt. Unsere Entscheidungen müssen auf Gedanken beruhen, die von unserem voll bewussten wahren Ich gedacht werden. Nur so können wir aus der Angstsucht ausbrechen. Doch wie geht das?

Die Kraft des Entschlusses

Wir erschaffen unsere Welt durch Entschlüsse. Jeden Augenblick wählen, erdenken, erschaffen wir unsere Welt, ob wir es merken oder nicht. Wir sind bewusste, denkende Wesen, die ihre Gefühle, Wahrnehmungen, Handlungen und alles, was sie erleben, selbst gestalten. Wie können wir diese Kraft nun nutzen, um Harmonie in unserem Leben zu schaffen? Wie können wir verhindern, dass wir sie »bewusstlos« anwenden und dadurch uns selbst, anderen und unserer Welt schaden?

Was ist eigentlich ein Entschluss? Ständig benutzen wir dieses Wort, aber wissen wir eigentlich auch, was wir damit meinen? Ein Entschluss bedeutet, mithilfe der Kraft des Geistes etwas zu erschaffen. Wir nutzen die unsichtbare Energie der spirituellen Quelle, zu der wir alle Zugang haben, ja, die jeder von uns *ist*, um die Welt der Form aus der Formlosigkeit entstehen zu lassen. Immer wenn wir vor Alternativen und folglich vor einer Wahl stehen, kann der Entschluss entweder unserem Ego oder unserem wahren Ich entspringen. Wir treffen eine Entscheidung unbewusst und aus Gewohnheit oder aufgrund der Weisheit unserer spirituellen Essenz.

Nehmen wir zum Beispiel an, mir würde vorschweben, irgendetwas Neues zu lernen, eine Sprache, ein Computerprogramm, ein Instrument. Wenn bei solchen Gedanken Angst ins Spiel kommt, werde ich vielleicht denken: »Ich bin zu alt, um noch eine Fremdsprache zu lernen.« Oder: »Musikalisch war ich noch nie, was bringt mich jetzt auf die Idee, ich könnte ein Instrument spielen lernen?« Oder: »Mir ist sowieso schon alles zu viel, ich habe keine Zeit für solche Extratouren.« Wenn ich Gedanken dieser Art ernst nehme, ersticken sie natürlich meinen knospenden Herzenswunsch und machen mein Leben um einiges ärmer.

Wenn ich jedoch solche Angstgedanken, mit denen ich mich nur selbst sabotiere, ganz einfach überhöre und mich für überraschende Einfälle offenhalte, wird mir bald dieser oder jener Weg bewusst werden, auf dem ich meinen Traum doch verwirklichen kann. Vielleicht fällt mein Blick irgendwo auf die Ankündigung eines Kurses zu genau dem Programm, das ich lernen wollte. Vielleicht begegnet mir jemand, der genau die Sprache unterrichtet, die ich mir aneignen möchte. Wenn wir uns von der Quelle, unserem wahren Ich, leiten lassen, sehen wir plötzlich Möglichkeiten und Dinge, die uns allen Widrigkeiten zum Trotz zur Wahl stehen.

An jeder Weggabelung stehen wir aufs Neue vor den beiden Möglichkeiten: Angst oder Aufgeschlossenheit. Gebe ich der Angst nach, bleibe ich in der sicheren und vertrauten kleinen Welt des Ego. Wähle ich den Weg der Offenheit, kann ich jederzeit in mich hineinhorchen und herausfinden, ob die sich bietende Chance unter allen Möglichkeiten wirklich die eine ist, die ich ergreifen möchte.

Ich jedenfalls habe zugegriffen und mir einen Spanischlehrer engagiert – und es macht mir einen Heidenspaß, diese Sprache zu lernen. Im Freundes- und Familienkreis haben wir sogar einen Spanischclub aufgemacht, in dem sich alle treffen, die auch diesen Traum hatten. Das bereichert unser Leben und macht unglaublich viel Freude!

Wer wählt?

Viele von uns fassen schon sehr früh im Leben unbewusst den Entschluss, sich mit ihrem Ego und seinen Überzeugungen, Erinnerungen und Gewohnheiten zu identifizieren. Sie haben gelernt, sich mit einem von den Anschauungen anderer und ihren eigenen Schlussfolgerungen abgeleiteten reduzierten Bild ihrer selbst zu begnügen und erschaffen sich eine diesem Bild entsprechende Identität. Alle weiteren Entscheidungen treffen sie dann von dieser beschränkten Sicht ihrer selbst und nicht mehr von ihrem wahren Ich aus. Das alles wird dann mit den Worten kommentiert: »So bin ich nun mal.« Entschlüsse aber, die wir aus der Sicht unseres Ego treffen, bringen uns zwangsläufig in einen Zwiespalt mit uns selbst, mit anderen, mit unserer Umwelt. Da ist es kein Wunder, dass so viele in Angst, Unglück, Überdruss und Unzufriedenheit leben. Mir selbst ging es in meinen Jahren als junger Erwachsener so, dass ich immer ernster und schwermütiger wurde und zunehmend unter Stress stand. Ich verlor die Unbekümmertheit meiner Jugend mitsamt der Fähigkeit, das Schöne zu sehen und die ganzen Möglichkeiten zu erkennen, die die Welt zu bieten hat.

Doch seien Sie getrost, wir alle können unser Leben gleichsam neu wählen: Wir können beschließen, doch wieder von ganzem Herzen aus unserem wahren Ich heraus zu leben. Dadurch entsteht ein neues Bewusstsein für das unerschöpfliche Potenzial, das in jedem vom uns steckt und das wir nur ausschöpfen brauchen. Das kann mit der Erkenntnis beginnen, dass wir uns in Glaubenssätze verrannt haben, die bloßer Gewohnheit entsprechen, und dass wir das nicht mehr wollen. Und wenn wir uns dann anders entscheiden, nämlich für unser wahres Ich, entsteht plötzlich die Bereitschaft, alles gelten zu lassen, was uns in den Sinn kommt. Und so entwickeln wir nach und nach ein Ohr für den Ursprung unserer Gedanken, lernen zu unterscheiden, wann unser beschränktes Ego dahintersteckt und wann darin jene Wahrheit und Weisheit mitschwingt, die auf unser wahres Ich als Urheber schließen lässt.

Wir fangen an, auf das Leitsystem unserer Gefühle zu achten, das uns wissen lässt, was jeweils gerade aktiv ist, Angst oder Liebe. Wann immer wir einen Gedanken fassen und ernsthaft in Betracht ziehen, wird im Körper eine Kaskade von chemischen Reaktionen ausgelöst, die unseren Emotionen entsprechen. Dadurch entstehen Assoziationen mit unseren Erinnerungen, die wiederum die emotionale Reaktion verstärken. Auf diese Weise können sich unsere Gedanken und Gefühle gegenseitig so aufschaukeln, dass wir die Kontrolle über sie verlieren. Jetzt beginnt unser Bewusstsein ernsthafte Ausfälle zu zeigen. Die Gedanken, die mit uns »durchgegangen« sind, projizieren wir nun auf unsere Lebensumstände. Dann kommt es darauf an, dass wir unsere Gefühle deutlich wahrnehmen. Dadurch versetzen wir uns in die Rolle des *Beobachters*, der einfach registriert, was von Augenblick zu Augenblick in unserem Denken vorgeht. Anders ausgedrückt: Wir kommen wieder zu Bewusstsein und sind in der Lage, sowohl unsere emotionalen Reaktionen als auch unsere Gedanken mit etwas Abstand zu betrachten.

Alles, was wir aus dieser Bewusstheit des Beobachters heraus tun, gibt uns Aufschluss über die Tauglichkeit unserer Entscheidungen. Diese Beobachterhaltung zeichnet sich durch emotionale Neutralität aus, ist objektiv. Deshalb hilft sie uns, dem in uns angelegten Potenzial, kluge und intelligente Entscheidungen zu treffen, immer näher zu kommen. Und je mehr bewusste Entscheidungen wir in Übereinstimmung mit unserem wahren Ich treffen, desto klarer wird uns das Ausmaß unserer Schöpferkraft. Wir kehren zu einer kindlichen Sicht der Welt zurück, sehen alles staunend und wie zum ersten Mal und verfügen dabei gleichzeitig über den Wissens- und Erfahrungsschatz unseres ganzen Lebens.

Wenn wir klar erkannt haben, dass wir unsere Wirklichkeit selbst wählen, wird kein Gefühl der Ohnmacht und Hilflosigkeit mehr aufkommen, weder bei den Nachrichten im Fernsehen noch bei irgendwelchen Ereignissen in unserem Leben.

Im Bewusstsein, dass wir die Wahl haben, müssen wir anfangs darauf achten, dass wir uns nicht voreilig auf etwas festlegen, das wir für die klügere Wahl *halten*. Das geht am besten, indem wir unseren alten Gewohnheitsreaktionen keinen Raum mehr lassen und uns die Tür für neue Ideen offen halten. So geben wir dem Unbekannten den Platz, den es braucht, um sich entfalten zu können. Und irgendwann

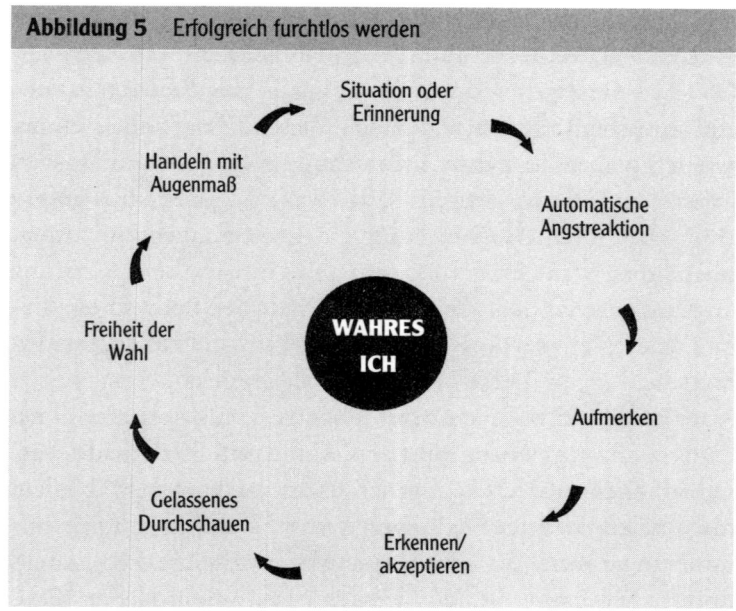

Abbildung 5 Erfolgreich furchtlos werden

Situation oder Erinnerung

Handeln mit Augenmaß

Automatische Angstreaktion

Freiheit der Wahl

WAHRES ICH

Aufmerken

Gelassenes Durchschauen

Erkennen/ akzeptieren

werden uns die besseren Ideen dann ganz natürlich zufließen. Abbildung 5 fasst diesen Ablauf zusammen.

Der Beobachter

Der kanadische Neurochirurg Wilder Penfield führte zu Beginn der zweiten Hälfte des vorigen Jahrhunderts zahlreiche Experimente durch, in deren Verlauf es ihm gelang, eine Art Landkarte des menschlichen Gehirns zu erstellen und vielen Funktionen – etwa dem Sehen, dem Berührungssinn, dem Hören und unseren kognitiven Fähigkeiten – bestimmte Hirnareale zuzuweisen. Penfields eigentliches Anliegen war die Entwicklung eines chirurgischen Verfahrens zur Linderung schwerer Fälle von Epilepsie. Solche Operationen werden unter örtlicher Betäubung durchgeführt, weil der Patient bei Bewusstsein bleiben und über die Wirkung bestimmter elektrischer Reize Auskunft geben muss. Dabei fiel Penfield auf, dass die Reizung des gleichen Hirnareals bei allen Patienten ähnliche Reaktionen auslöste. Diese Experimente stellten, was die wissenschaftliche Erforschung der Gehirnfunktionen angeht, einen ungeheuren Fortschritt dar. Allerdings gelang es Penfield nicht, bestimmte Hirnregionen ausfindig zu machen, die für Selbstbewusstsein und Entscheidungsfindung zuständig sind. So kam er zu dem Schluss, dass diese beiden Funktionen womöglich gar nicht im Körper angesiedelt sind.

Mich als Psychologen und Therapeuten faszinierte dieses Ergebnis, denn für die geistige Gesundheit sind gerade diese beiden Funktionen, Bewusstsein und Entscheidungsfähigkeit, von entscheidender Bedeutung. Aus Erfahrung wusste ich, dass meine Patienten nur dann etwas an ihrem Leben ändern konnten, wenn sie zur Selbsterkenntnis fähig waren und daraus Entscheidungen ableiten konnten. Deshalb leuchtete mir ein, dass diese beiden Funktionen nicht in unserem konditionierten Denksystem beheimatet sein können – nicht in Erinnerungen, nicht in unseren analytischen Fähigkeiten, nicht im Denk- und Erinnerungsvermögen, nicht im Hypothesen bildenden Verstand, nicht in der Wahrnehmungsfähigkeit und nicht im emotionalen Erleben, kurzum, nicht in all den Fähigkeiten, die sich als Funktionen des Gehirns darstellen lassen.

Wo aber mochten diese Funktionen angesiedelt sein, wenn nicht im Gehirn? Ich ging dieser Frage nach und studierte dabei auch die Religionen der Welt und lernte zu meditieren. So fand ich heraus, dass Selbstbewusstsein und Entscheidungsfähigkeit zusammen als »der Beobachter« bezeichnet werden. Der Beobachter ist das wahre Ich, die Instanz, die das ganze Drama des Lebens verfolgt und erlebt.

Dieser Fähigkeit, Beobachter unserer Erfahrung zu sein, sind wir uns nicht immer bewusst. Viele erfahren dieses Selbst-Bewusstsein im Traum, in erschütternden Erlebnissen oder gar Nahtoderfahrungen, bei der Meditation und anderen spirituellen Praktiken, durch Drogen oder im Zustand der Kontemplation. Ein deutlicheres Bewusstsein des Beobachterzustands und damit zugleich eine verbesserte Fähigkeit, kluge Entscheidungen zu treffen, können wir jedoch auch ganz gezielt anstreben. Erst in diesem Entschluss zu mehr Bewusstsein sind wir frei von der Engstirnigkeit des Ego. Dann streifen wir die Fesseln der Angst ab und leben in der Offenheit und Freiheit unseres wahren Ich.

Aufgrund der Erkenntnis, dass Selbstbewusstsein und Entscheidungsfähigkeit offenbar nicht in der Zuständigkeit des Gehirns und der gewohnten Denkabläufe liegen, verstand ich auch besser, weshalb die üblichen Verfahren wie kognitive Rekonditionierung, positives Denken und die Anwendung von Affirmationen meist nur vorübergehend wirksam sind. Denn sie spielen sich alle in der Domäne des Ego ab und nicht in der des wahren Ich. Solche Verfahren schaffen kein *höheres* Bewusstseinsniveau, sondern bewirken lediglich ein paar Umstellungen auf der Ebene des konditionierten Denkens. Es sind demnach »horizontale« Verschiebungen, die zwar Denkgewohnheiten ein wenig zum Besseren verändern, uns aber nicht die Beobachterperspektive eröffnen, aus der wir uns selbst als Schöpfer unseres Denkens wahrnehmen können.

Gehen wir jedoch (in einer »vertikalen« Bewegung) auf eine höhere Bewusstseinsstufe über, so nehmen wir unser Abgleiten in destruktive alte Denkmuster viel deutlicher wahr. Dann erkennen wir auch Alternativen, die uns auf der niedrigeren Bewusstseinsebene verborgen blieben.

Stellen wir uns den Wechsel der Bewusstseinsebene wie die Besteigung eines hohen Berges vor. Beim Anmarsch sehen die Bergsteiger zunächst einmal nur Bäume. Erst wenn sie ein wenig an Höhe gewonnen haben, wird sichtbar, dass sie sich in einem weiten Waldgebiet aufgehalten haben. Sie steigen höher hinauf und sehen, dass hinter dem Wald eine Stadt an einem See liegt, in den ein Fluss mündet. Noch weiter oben erkennen sie, dass ihr Berg einer ganzen Bergkette angehört. Weiter geht es hinauf, und hier wird die Luft dünner, und man muss sich erst an den abnehmenden Sauerstoffgehalt gewöhnen, genauso, wie ein höheres Bewusstseinsniveau einer gewissen Eingewöhnungszeit bedarf. Es kann sogar sein, dass man sich hin und wieder ein wenig desorientiert fühlt. Während unsere Bergsteiger noch weiter hinaufklettern, sehen sie jenseits des Gebirges den Horizont, und jetzt wird klar, wie das große Ganze aussieht, zu dem wir alle gehören: ein runder Planet. Ähnliches erleben wir, wenn unser Bewusstseinsniveau steigt. Irgendwann wird uns klar, dass wir viel mehr sind, als

wir dachten, dass wir mit unserer göttlichen Natur zusammen-
hängen, dass wir spirituelle Wesen sind.

Wahre Entscheidungsfreiheit

Die meisten von uns würden auf die Frage, ob sie sich frei
entscheiden können, mit »Ja« antworten und auch fest davon
überzeugt sein. Wenn unsere Entscheidungen jedoch vom
konditionierten Denken des Ego geleitet werden, bleiben wir
auf das beschränkt, was wir bereits wissen und verinnerlicht
haben. Wenn jemand zum Beispiel mit seiner Arbeit unglücklich ist, aber auf ein und derselben Bewusstseinsebene verharrt,
wird er vielleicht kündigen und eine andere Stelle annehmen,
die ihm vielversprechend erscheint, wahrscheinlich aber wird
er doch wieder in eine ähnliche Situation geraten. Solange
sein Denken gleich bleibt, wird er beruflich vermutlich immer
wieder die gleichen unerfreulichen Erfahrungen machen. Für
Beziehungen und Partnerwechsel gilt das Gleiche. Solange wir
unsere Wirklichkeit so wahrnehmen und deuten, wie wir es
gewohnt sind, werden horizontale Veränderungen nur vorübergehend etwas bringen. Vielleicht verändern sich die Bedingungen ein wenig zum Besseren, mehr Glück und inneren
Frieden werden wir aber kaum finden.

Ganz anders sieht es aus, wenn sich jemand auf der vertikalen Achse bewegt, also die Bewusstseinsebene wechselt. Hier
sieht er sich nämlich einer neuen Welt mit ungeahnten Möglichkeiten gegenüber. Je mehr wir aus unserem wahren Ich
heraus leben, desto mehr Alternativen zeigen sich.

Auf der untersten Ebene des gänzlich von Gewohnheiten
geprägten Ego-Denkens sehen wir überhaupt keine Alternativen und fühlen uns als Opfer des Lebens. Eine Stufe höher
erkennen wir vielleicht ein paar Möglichkeiten, zwischen

denen wir wählen können, sie sind aber alle gleich unbefriedigend. Wieder eine Stufe höher durchschauen wir, dass wir mit unseren Entscheidungen unsere Wirklichkeit selbst herstellen. Heben wir das Bewusstseinsniveau um eine weitere Stufe an, werden endlich echte Alternativen erkennbar. Dann ist es nicht mehr weit bis zu der Einsicht, dass wir selbst auch die Schöpfer der Wahlmöglichkeiten sind, die uns zur Verfügung stehen. Und wenn sich unser Bewusstsein noch weiter aufschwingen kann, finden wir uns schließlich in grenzenloser Wahlfreiheit wieder.

Ein Freund erzählte mir kürzlich von den Veränderungen, die im Laufe der letzten beiden Jahre in seinem Leben stattgefunden haben. Er gehört zu den Menschen, die für die Prinzipien, die in diesem Buch erläutert werden, sehr aufgeschlossen sind. Als ich ihn kennenlernte, hatte er seinen Beruf gründlich satt und spielte mit dem Gedanken, etwas ganz Neues anzufangen. Er besitzt einen sehr regen Verstand und ist äußerst engagiert. Trotzdem wollten weder seine Beziehungen noch seine geschäftlichen Unternehmungen so recht laufen. Das änderte sich in dem Moment, in dem er umdachte und sein Bewusstsein auf eine neue Stufe hob: Plötzlich erkannte er, dass er sein Geschäft ganz anders aufziehen musste. Er verlegte sein Büro, baute sich einen neuen Kundenkreis auf und ersann eine neue Art und Weise, seine Lehrinhalte zu vermitteln. Inzwischen hat er schon mehrere Institute eröffnet und bringt darüber hinaus anderen die Methode bei, die ihn selbst zum Erfolg geführt hat. Seine Kreativität ist kaum noch zu bremsen, sein Unternehmen ist erfolgreicher, als er sich je hätte träumen lassen. Noch vor einem Jahr war an Schreiben überhaupt nicht zu denken, und jetzt wird demnächst sein erstes Buch veröffentlicht. Er staunt immer noch, aber vor allem ist er voller Dankbarkeit. Heute arbeitet er nicht etwa mehr als früher, sondern einfach mit mehr Köpfchen. Er hat

Zeit nachzudenken, sich zu entwickeln, immer wieder fällt ihm etwas Neues ein, wie er sein Leben und Arbeiten verbessern kann.

Wenn wir unsere Entscheidungen mit vollem Bewusstsein treffen, sind wir in der Lage, das unerschöpfliche Potenzial des wahren Ich deutlicher zu erkennen. Wir unterliegen dann nicht mehr den selbst auferlegten Annahmen darüber, was möglich oder wahrscheinlich oder vorstellbar ist beziehungsweise uns zusteht.

Die folgende Geschichte hat eine meiner früheren Schülerinnen geschrieben, die für sich die Kraft der bewussten Wahl entdeckte und dadurch ihre Angst vor einer lebensbedrohlichen Krankheit überwand, die die meisten von uns fürchten – Krebs. Aus dieser Geschichte können wir lernen, wie uns das Bewusstsein von der Macht unserer Entschlüsse und unseres Denkens bei der Überwindung der Angstsucht helfen kann.

Krebs schreckt mich nicht mehr

Krebs – dieses Wort wird oft nur hinter vorgehaltener Hand ausgesprochen, und man hört heraus, dass es ein Todesurteil enthält. Wann immer dieses Wort fällt, schwingt die Angst mit. Wer oder was macht uns diese Angst? Wir selbst.

Zum ersten Mal überkam mich die Angst vor Krebs, als ich zwölf Jahre alt war. Es ging um eine Hausaufgabe über Zellen, die sich unkontrolliert vermehrten … Krebs nannte man das. Ich saß an meinem Schreibtisch, und das Herz schlug mir bis zum Hals bei dem Gedanken, dass dieses Grauen eines Tages vielleicht auch mich befallen könnte.

Mit neunzehn hörte ich meinen geliebten Onkel vom Krebstod seiner Frau erzählen, dabei weinte er herzzerreißend. Immer wieder habe ich Angehörige in gedämpftem Tonfall von diesem und jenem und seinem Kampf gegen den Krebs erzählen hören. Jedes Mal packte mich die Angst.

Im September 1998 wurde mir eröffnet, ich habe Krebs. Ich war außer mir vor Entsetzen. Dann kamen Gedanken wie: Soll ich »meine Dinge ordnen« und ein Testament verfassen? Im Verlauf der Chemotherapie und der Bestrahlungen und etlicher weiterer Eingriffe wurde mir klar, dass eigentlich nicht der Krebs mich schreckte. Ich selbst war es!

Es ist ganz einfach. Wir jagen uns mit unseren eigenen Gedanken ins Bockshorn. Wenn heute in irgendeinem Gespräch die Rede auf Krebs kommt, beobachte ich meine Gedanken. Und wenn darin dieser schwarze struppige Teufel auftaucht, der in meinem Körper lauert, schicke ich sie einfach weiter.

Im Anschluss an meine Krebsdiagnose fühlte ich mich von meinem Körper verraten, ich fühlte mich ohnmächtig, mir war die Herrschaft über mich selbst genommen worden. Ein immer größerer Anteil meiner Zeit wurde von Arztterminen, überfüllten Warteräumen, gewaltigen brummenden Maschinen, von Behandlungen, Spritzen und vor allem Angst eingenommen. Und dann der Blick meiner Angehörigen und Freunde, wenn sie von meinem »Kampf« sprachen – diesen Blick fürchtete ich mehr als alles andere. Sie dachten, mein Gegner sei der Krebs. Doch nein, meine Gedanken waren der Gegner.

Ich werde meinem lieben Mann, meinen Angehörigen, Freunden, Ärzten und Pflegekräfte für alles, was ich auf meinem Weg der Diagnosen und Therapien an Zuwendung und Hilfe von ihnen erhielt, ewig dankbar sein. Eine meiner eindrucksvollsten Erinnerungen aus dieser Zeit aber ist der Anruf eines Geschäftskollegen, der mit seinem Sohn einen Jagdausflug nach Kanada unternahm. Aus seiner Deckung bei der Entenjagd rief er mich an und sagte: »Gib nicht auf. Gib bloß nie auf!«

Das, glaube ich, war für mich der Punkt der Entscheidung. Dieses Telefonat ließ in mir den Entschluss reifen, das, was ich schon wusste, endlich zu *tun*. Seit zwanzig Jahren hatte ich mich intensiv, aber eben theoretisch, mit der Kraft des Geistes beschäftigt. Ich hatte Hunderte von Büchern gelesen und an unzähligen Vorträgen, Workshops und Seminaren teilgenommen. Aber erst der Krebs lehrte mich, was ich zu lernen hatte.

Der menschliche Geist vermag ja so viel! Er kann uns nützen oder schaden. Wir können ihn zum Guten oder zum Bösen nutzen. Ich beschloss, mich von dem zu trennen, was mir so zusetzte: von meiner Angst. Denn ich hatte mir buchstäblich Todesangst eingejagt. Ich. Ich selbst.

Nach diesem Entschluss wurde ich ruhiger, beinahe gelassen. Lag das vielleicht an den Wunderdrogen, die mein Arzt mir zur Beruhigung gab? Nein, es waren nicht die Medikamente. Ich war es selbst. Unter allen meinen Gedanken wählte ich jetzt diejenigen aus, denen ich mich wirklich widmen (und dadurch Kraft zuleiten) wollte. Mir wurde klar, dass die Angst bedrohlicher in mir wucherte als der Tumor. Und dass sie meiner Lebensqualität abträglicher war als der Krebs.

Welche Erleichterung! Es wurde ruhiger in mir, Frieden breitete sich um mich aus. Und mit der einkehrenden Ruhe wurde mir bewusst, dass es in meinem Leben noch viel mehr als diesen Krebs gab. Plötzlich fiel mir auf, dass Arztbesuche durchaus auch etwas Komisches haben können. Ich nutzte die Chemotermine, um Marty, den betreuenden Pfleger, und die anderen Chemopatienten näher kennenzulernen. Unvergesslich wird mir ein Tag bleiben, an dem mein Mann, eine weitere Chemopatientin und ich über irgendetwas furchtbar lachen mussten und schier nicht mehr aufhören konnten. Marty drehte sich um, stemmte die Hände in die Hüften, setzte eine strenge Miene auf und sagte: »Hört mal Leute, das ist hier wirklich nicht zum Lachen.« Neue Lachsalve. Wenn du in Ängsten lebst, gibt es bei Krebs tatsächlich nichts zu lachen. Wenn man diese schweren Angstgedanken aber loslassen kann, kommen leichtere Gedanken ins Spiel, und dann kann sogar Freude entstehen.

Das neue Leben mit dem Krebs ging weiter. Und Herausforderungen gab es genug. Zum Beispiel an dem Tag, als mein Arzt mir eröffnete, es sei da ein Fleck auf meiner Lunge zu sehen, der ihm Sorgen mache, und wir müssten unbedingt herausfinden, was das sei. Da war meine Welt plötzlich wieder schwarz. Angst. Wenn auch nur für zwei Stunden. Gut, das waren zwei Stunden zu viel, aber ich konnte wieder deutlich beobachten, wie ich mir selbst Angst einjagte. Es war nicht der Krebs, es waren meine Gedanken. Also beruhigte ich mich. Ich überließ diese lärmenden Gedanken sich selbst. Als ich das nächste Mal mit meinem Arzt sprach, hatte ich endlich Ohren für seine klugen Worte. Er sagte: »Irgendwie fügen sich die Dinge dann doch ganz richtig.« Wäre ich da noch in dieser finsteren, lauten Angstwelt gewesen, hätte ich das sicher nicht aufgenommen. Da die Strahlentherapie noch nicht abgeschlossen war, standen mir Wochen des Wartens bevor, ehe der diagnostische Eingriff vorgenommen werden konnte. Während der Wartezeit war mir dieser Satz eine kostbare Hilfe: *Irgendwie fügen sich die Dinge dann doch ganz richtig.*

Interessant ist auch zu bemerken, wie die Angst selbst in unseren besten Augenblicken in der Ecke lauert. Nach dem diagnostischen Eingriff an der Lunge saß ich einmal daheim und fing an, die Blumensträuße zu zählen, die überall standen – es waren sechsundvierzig. »Herrlich, so viele Menschen, die an mich denken.« Das hätte ich jetzt denken können. Stattdessen löcherte ich meinen Mann wegen des Pathologieberichts, den er mir doch bestimmt vorenthielt, weil sie eben doch Krebs gefunden hatten, obwohl mein Arzt mir schon mitgeteilt hatte, dass es keiner war. Ich konnte mich gerade noch abfangen und mir klarmachen, dass die Angst wieder los war und mir diesen eigentlich so schönen Augenblick verderben würde. Ich rief mir ins Gedächtnis zurück, was wirklich Sache war: Ich jagte mir selbst Angst ein. Ach, was wir uns da antun, wenn wir uns das Leben so unerträglich machen!

Jetzt könnte man denken: Also, wenn kein Krebs gefunden wurde, dann muss sie ja auch gar nicht in Ängsten leben. Nun, sie haben zwar keinen Krebs gefunden, dafür aber die Krankheit, an der meine Mutter gestorben ist. Habe ich mir je angstvolle Gedanken über diese Krankheit gemacht? Nein. Na bitte. Das zeigt mir noch einmal, dass wir uns die Angst selber mit unseren Gedanken antun. Zum Glück können wir denken, was wir wollen. Das lässt sich auch andersherum betrachten: Wenn wir etwas denken, dann weil wir es so wollen.

Ich stieg aus der Krebsangst aus, als mein Blick auf eine Reklametafel fiel, auf der stand: »Krebs schreckt mich nicht mehr.« Der Umschwung erfolgte von einem Augenblick auf den anderen, nachdem ich Jahrzehnte in der Angst vor Krebs gelebt hatte. Bis heute kann ich nicht mit Sicherheit sagen, ob ich wirklich eine Reklametafel mit diesem Text gesehen habe oder ob mir der Satz einfach so in den Sinn kam. Es ist ja auch egal. Ich habe aufgegeben. Ich habe angstvolle Krebsgedanken aufgegeben.

Es ist ein gutes Leben, und ich weiß mich gut aufgehoben, wenn mein Arzt eines Tages sagt, dass meine Zeit gekommen ist. Ich fürchte mich nicht. Er sagte es ja: »Irgendwie fügen sich die Dinge dann doch ganz richtig.« Krebs schreckt mich nicht mehr.

》》 MERKHILFEN

- Wir erschaffen unsere Welt mit der Kraft unserer Entschlüsse.
- Entscheidungen zu treffen heißt, mit der Kraft des Geistes aus dem Nichts etwas zu erschaffen.
- Wir wählen und erschaffen unser Leben stets und ständig, entweder von unserem beschränkten, an Erinnerungen gebundenen Ego her oder aus der unerschöpflichen Kreativität unseres wahren Ich.
- Unsere Gefühle beruhen entweder auf Angst oder auf Liebe und bilden ein Leitsystem, das uns wissen lässt, welcher Quelle unsere Entscheidungen jeweils entstammen.
- Vom Standpunkt des Beobachters aus erkennen wir die Natur dessen, was wir gerade wählen und erschaffen.
- Mit jeder höheren Bewusstseinsstufe nehmen Wahlfreiheit und schöpferische Freiheit sprunghaft zu.
- Entschlusskraft ermöglicht dem Menschen ein Leben ohne Angst und Furcht.

6   Die innere Stimme

Woran erkennen wir, welche unserer Gedanken und Reaktionen unsere wahre Stimme sind? Wie finden wir Zugang zu unserem wahren Ich? Indem wir nach innen lauschen. Was Hören ist, wissen die meisten. Wir hören Vogelgezwitscher, die Stimme eines geliebten Menschen, Radio oder Fernseher, das Martinshorn der Feuerwehr. Doch mit »tiefem Zuhören« und »Nach-innen-Lauschen« meine ich etwas anderes als das Aufnehmen von Klängen und Geräuschen. Statt mit den Ohren hören wir dabei eher mit dem Herzen. Wir lauschen auf die akustisch unhörbaren Botschaften, die von anderen oder aus der Umgebung oder von unserem wahren Ich kommen. Das Herz kann erst hören, wenn der Verstand auf »stumm« geschaltet ist und das Denksystem des Ego zumindest vorübergehend keine Rolle spielt.

Zu diesem tiefen Zuhören kommt es also in einer Haltung stiller, gelassener Betrachtung. Ein stiller Geist ist jedoch keineswegs unempfänglich oder inaktiv, wie man vielleicht denken könnte. Er ist vielmehr reines Aktionspotenzial, vergleichbar der geradezu meditativen Wachheit einer Katze, aus der heraus sie ihre gesamte Energie schlagartig mobilisieren kann, um mit unnachahmlicher Präzision zu agieren. Die Stille in diesem tiefen Lauschen ist reines Gewahrsein.

Wenn dagegen unser Ego etwas hört, nehmen wir es meist einfach nur über die Ohren auf und schleusen das Gehörte durch die Filter unserer Denkgewohnheiten. Unser Denksystem ist aber eher ein Projektor als ein Empfänger. Es hört nur das, was es hören möchte oder zu hören erwartet. Es hört nur, was zu seinen bereits bestehenden Anschauungen über das Leben passt.

Wenn wir Zugang zur Weisheit unserer Seele bekommen möchten, müssen wir ein neues Hinhören lernen, ein Hinhören, das Gehirn und Verstand allein nicht leisten können. Wir müssen lernen, die Stimme unseres Herzens, die Stimme der universalen Intelligenz, aus allem anderen herauszuhören. Gestern war ich unterwegs zu meinem Ferienhaus. Wir haben gerade Winter, und ich kam unterwegs auf die Idee anzuhalten und eine kleine Skitour querfeldein zu machen. Es war ein herrlicher Tag, und ich hatte reichlich Zeit, aber irgendetwas sagte mir, dass ich besser weiterfahren sollte. Ich hörte einfach auf diese Stimme, weil ich *weiß*, dass ich ihr trauen kann. Und das war gut so, denn als ich den Parkplatz erreichte, wo ich Wagen und Anhänger immer abstelle, wenn ich in der Hütte bin (sie liegt zehn Meilen entfernt auf einer Insel, die ich im Winter übers Eis mit dem Snowmobil erreiche), musste ich feststellen, dass er nicht geräumt war und ich stecken blieb. Ein Nachbar half mir, mein Gespann wieder freizuschaufeln, aber wir brauchten eine volle Stunde, und mir blieb gerade genügend Zeit, um die Hütte noch vor Einbruch der Dunkelheit zu erreichen. Hätte ich meine Skitour gemacht, wäre alles viel schwieriger geworden. Kurzum, wenn wir nach innen lauschen, haben wir es einfach leichter und werden vor möglichen Unannehmlichkeiten und Gefahren gewarnt. Für die Überwindung der Angstsucht ist das sehr wichtig.

Der innere Spiegel

Wer ein vollständiges Abbild seiner selbst sehen möchte, muss in einen entsprechend großen Spiegel schauen. Wie durch Zauber stehen wir dann plötzlich ein zweites Mal da. Ganz ähnlich funktioniert auch die Magie der stillen Betrachtung. Nur dass der Spiegel nicht aus Glas besteht. Dieser »Spiegel« sind aufrichtige Fragen, die wir uns selbst stellen.

Wenn Sie sich in dieser Weise reflektieren wollen, müssen Sie zunächst »beschließen« oder bewusst darum ersuchen, dass die Antworten direkt von Ihrem wahren Ich und nicht vom kleinen Ego mit all seinen Vorurteilen kommen sollen. Anders ausgedrückt: Sie bitten um die Sicht des Göttlichen zu der betreffenden Frage. Dann horchen Sie still in sich hinein und warten die Antwort ab. So einfach die Sache auch ist, sie setzt ein gewisses Verständnis voraus – und sehr, sehr viel Bereitschaft, die Frage zu stellen und dann respektvoll zu lauschen, bis Ihr wahres Ich die Antwort gibt.

Sich selbst vertrauen

Sich selbst zu vertrauen, eben Selbstvertrauen, ist den meisten Menschen nicht gerade beigebracht, sondern eher ausgeredet worden. So glauben viele von uns eher anderen als den eigenen Antworten, die von ganz tief innen kommen. Unbewusst haben wir uns immer mehr darauf verlegt, die Antworten nur noch mit dem Verstand und nur noch in den verfestigten Glaubenssätzen unseres Ego zu suchen. Leider ist ein solches Vertrauen nicht gerechtfertigt, was die zumeist unbefriedigenden Ergebnisse hinreichend belegen. In Entscheidungsfragen oder Krisensituationen verursacht Vertrauen auf das Ego häufig Verwirrung, Selbstzweifel und Zerrissenheit. Oder es führt zu einer auf unverrückbar feststehende Meinungen gegründeten Selbstgerechtigkeit und scheinbaren Selbstsicherheit – scheinbar, weil doch immer wieder unerklärliche (und uneingestandene) Selbstzweifel dazwischenkommen.

Doch auch wenn wir der Stimme unseres wahren Ich misstrauen, sie verstummt nie, teilt uns ihre Wahrheit jederzeit mit. In Augenblicken großer Not oder Verzweiflung, wenn unsere Abwehrmechanismen an Bedeutung verlieren, können wir diese Stimme manchmal hören und verstehen dann auch, dass sie vollkommen recht hat. Das sind immer Augenblicke, in denen der Verstand mehr oder weniger stillsteht und sich die Aufgeschlossenheit für die Stimme des wahren Ich gleichsam von selbst einstellt. Das müssen nicht immer Krisen sein; die richtigen Voraussetzungen können zum Beispiel auch beim Aufwachen gegeben sein oder wenn man etwas besonders Schönes erlebt.

Der 11. September war so ein Augenblick, in dem uns allen der Verstand stillstand und die Stimme des wahren Ich in uns eine Chance bekam. Was da plötzlich an Liebe, Großzügigkeit, Gemeinsamkeit und echtem Mitgefühl in Amerika und weltweit sichtbar wurde, macht mir große Hoffnung für die Menschheit und für mein eigenes Leben. Ich hielt mich kurz nach der Tragödie in New York auf und konnte nur staunen, wie freundlich und hilfsbereit die Menschen dort miteinander – und mit mir – umgingen. Das Ausmaß der Krise mobilisierte offenbar das Beste in uns allen. Der damalige Bürgermeister, Rudolph Giuliani, wuchs über sich hinaus und inspirierte die Menschen in der Stadt und im ganzen Land, an einem Strang zu ziehen. Ihm verdanken wir die Vision einer Welt, die auch in Zeiten der Krise und der Angst nicht auseinanderbricht. Von überallher strömten freiwillige Helfer, Geld und Sympathiebekundungen nach New York, ein Geist der Gemeinsamkeit wurde spürbar, und es zeigte sich, dass die

Menschen einander eigentlich lieben. Angesichts einer großen Tragödie ergriff unser wahres Ich die Initiative.

Diese innere Stimme und die universale Intelligenz, für die sie spricht, sind immer für uns da, auch unter ganz unspektakulären Umständen. Wenn wir an schwierige Zeiten in unserem Leben oder an Entscheidungen zurückdenken, sagen wir oft: »Irgendwie *wusste* ich, dass das passieren würde« oder »Im Grunde war mir total klar, was ich hätte tun müssen. Aus irgendeinem Grund aber hörte ich weder auf mein Gewissen noch auf die Vernunft, sondern machte einfach das, was mir aufgetragen wurde oder so.« Dieses Wissen, das jeder von uns kennt, ist unser wahres Ich, das alles daransetzt, uns auf sich aufmerksam zu machen. Sobald wir ihm vertrauen und auf seinen weisen Rat hören, wird unser Leben einfacher und harmonischer, und wir bleiben uns selbst treu. Die Stimme des eigenen wahren Ich zu hören und ihr zu vertrauen macht froh. Sie ist immer da und immer hörbar, aber weil wir zu beschäftigt sind oder zu viel Angst haben, lassen wir uns nur selten auf sie ein.

So wenig vertrauen wir dieser Stimme, dass sie für viele so gut wie verstummt ist, kaum mehr zu hören. Wir sind uns gar nicht bewusst, dass es die Stimme des Göttlichen in uns ist, der wir uns getrost anvertrauen können. Wir verwechseln die Stimme unseres wahren Ich mit dem Gedankenkarussell unserer Erinnerungen und Glaubenssätze, unserer ganzen Kopflastigkeit (und der der anderen). Ratlos fragen wir uns, was denn nun echt ist. Und selbst wenn wir allmählich zu unserem wahren Ich Kontakt aufnehmen, überlegen wir noch: »Kann ich das jetzt für bare Münze nehmen, oder werde ich wieder nur von meinem Ego und seiner Selbstbezogenheit an der Nase herumgeführt?« Wenn wir herausfinden wollen, was »echt« ist, müssen wir den hohen Stellenwert der stillen Betrachtung in unserem Leben erkennen.

Betrachtung und Einsicht

Die Einsicht kann uns als leiser Gedanke beschleichen, wie ein Flüstern im Kopf. Auch während eines Gesprächs kann sie sich einstellen. Sie kann ein unverhoffter Einfall unter der Dusche oder beim Spazierengehen sein, beim Tagebuchschreiben auftreten oder ganz plötzlich, wie aus heiterem Himmel. Vielleicht spricht sie uns auch aus den Zeilen eines Liedes an, dessen Wahrheit wir spüren. Und nur allzu häufig leuchtet sie in den Worten eines Kindes auf. Wahrheit ist Wahrheit, und wie immer sie sich auch ausdrücken mag und welchen Inhalt sie transportiert, sie ist immer unser wahres Ich.

Eine Einsicht kann wie ein Aufblitzen sein. In solchen tief beeindruckenden Augenblicken geschieht oft mehr, als uns bewusst ist. Könnten wir den Augenblick noch einmal in Zeitlupe ablaufen lassen, würden wir sehen und spüren, dass das erste Aufblitzen *reine Erfahrung* ist, über die sich gar nichts sagen ließe. Danach erst stellen sich Gedanken ein und vielleicht Worte, mit denen wir das Erlebte zu beschreiben versuchen. Irgendwie kennen wir das alle, aber nur selten lassen wir uns einen Augenblick Zeit für reine Betrachtung, die es uns ermöglichen würde, uns den ganzen Ablauf zu vergegenwärtigen.

Es ist wie der Biss in eine exotische Frucht, die man zum ersten Mal kostet. Der allererste Augenblick ist reine, sozusagen abstrakte Erfahrung, unmöglich in Worte zu fassen. Dann jedoch – und das haben wir gründlich gelernt – versuchen wir sofort, diese Erfahrung einzuordnen, indem wir Vergleiche ziehen oder sie einfach mit dem Etikett »gut« oder »schlecht« versehen.

Auch im Falle einer echten spirituellen Einsicht können schnell Worte auftauchen, und sie können sogar treffend sein, schließlich sind sie ja vom göttlichen Bewusstsein inspiriert; aber sie sind eben doch nur Statthalter der eigentlichen Erfahrung, an die sie uns erinnern, die aber selbst unbeschreiblich bleibt. Beim Biss in eine unbekannte Frucht (oder überhaupt bei der Begegnung mit etwas Neuem) ist die Erfahrung selbst das einzig Reale; die Beschreibung allein wäre nichts ohne die Erfahrung. Deshalb ist es so gut wie unmöglich, einer Beschreibung etwas zu entnehmen, wenn man die beschriebene Erfahrung nicht selbst gemacht hat, eben zum Beispiel den Biss in ein Stück Obst, das wir bislang noch nicht kennen.

Achten wir also darauf, dass wir im Moment der Erfahrung im Zustand der reinen Betrachtung bleiben, sonst verfangen wir uns sofort in Erinnerungen und Glaubenssätzen, und die göttliche Intelligenz hat kaum eine Chance, sich in Gestalt einer Einsicht kundzutun. Doch leider setzt sich meist das unbemerkte Muster durch, dass wir die Denkstrukturen unseres Ego und nicht die göttliche Intelligenz als erste Informationsquelle ansteuern. Das hemmt unseren spirituellen Fortschritt unnötig und manchmal, wie es scheint, bis zum Stillstand. Aber je klarer wir uns entscheiden, aufzuwachen und auf unsere tiefere Intelligenz zu hören, desto größer ist der Nutzen für unser Leben, in dem sich bald Verbesserungen bemerkbar machen werden.

Unsere Gesellschaft erzieht uns dazu, beschauliche und nachdenkliche Menschen gering zu schätzen und zu denken, den wie besessen schuftenden Helden der Wirtschaftswelt gegenüber seien sie unbedeutend. Diese Geschäftigkeit, meinen viele, hat uns doch so groß gemacht, wieso sollen wir sie jetzt aufgeben, um uns Zeit für die Betrachtung unserer selbst und des Lebens zu nehmen?

Ganz einfach: Weil wir dann bewusster leben. Weil wir dann nicht mehr kopflos durch die Gegend rennen, sondern klare Vorhaben und Zielvorstellungen entwickeln. Weil wir das Unwichtige weglassen – alles, was nicht wirklich inspiriert ist und auf Wahrheit beruht. Dann entdecken wir auch Möglichkeiten, unsere Projekte so umzusetzen, dass wir uns dabei keine Gewissenskonflikte aufladen. Kurzum, unser Handeln in der Welt kollidiert dann endlich nicht mehr mit unseren Herzenswünschen, Wertvorstellungen und Instinkten. Wenn wir die Richtung, in die wir gehen wollen, in aller Ruhe betrachten, leben wir ganz und rückhaltlos. Ohne diese Auszeit für ruhige Betrachtung agieren wir einfach nach den Regeln des »Immer weiter so«, das belanglos ist, Stress verursacht und außerdem nicht viel bewirkt. Es ist kein Wunder, dass Leute in wichtigen politischen oder industriellen Führungspositionen so häufig in Korruptionsskandale verwickelt sind und so wenig Gespür für ethische Werte zeigen. Es kann kaum anders sein, wenn sie sich von ihren Ego-Bedürfnissen leiten lassen und sich der Habgier, der Machtgier und dieser schier unersättlichen Gier nach Beifall und Bewunderung ergeben.

Um von der Angstsucht loszukommen, brauchen wir die Bereitschaft, uns von altvertrauten Denkgewohnheiten zu lösen und die von ihnen versprochene, aber nie gewährte Sicherheit einfach abzuschreiben.

Das Abenteuer des Unbekannten

Stille Betrachtung ist wie eine Abenteuerreise in ein unbekanntes Land. Von Zeit zu Zeit müssen wir haltmachen und uns orientieren. Wir blicken in die Karte, befragen unseren Kompass, suchen das Gelände nach Orientierungspunkten ab. So erkennen wir, wo wir sind und in welche Richtung wir weitergehen müssen. Ein Leben ohne diese Betrachtungspausen ist wie planloses Drauflosmarschieren: Wir verausgaben und verlaufen uns unnötig, und am Ende stehen wir wieder am Ausgangspunkt und müssen uns eingestehen, dass wir im Kreis gelaufen sind.

Auch in vielen unserer gesellschaftlichen Einrichtungen sind keine Betrachtungspausen vorgesehen, alles wird so gemacht, »wie wir es schon immer gemacht haben«. Da fehlt es an Kreativität und besonnener Überlegung und daher auch an Erfolg, an Relevanz, an der Fähigkeit, sich durch Wandel zu entwickeln. Das Gleiche gilt für unser persönliches Leben. In einem betrachtenden Leben dagegen steht uns die Quelle, aus der Wandel, Kreativität, Einsicht, Inspiration, Vision und Hoffnung kommen, immer zur Verfügung.

Betrachtungen fruchtbar machen

In gelassener Betrachtung spricht die Stimme der Wahrheit zu uns, und es kann durchaus nützlich sein, das Gehörte aufzuschreiben. Ich will damit nicht sagen, das Schreiben sei die beste oder gar einzige Art, unser wahres Ich zu erkunden und kennenzulernen. Im Wesentlichen kommt es auf Ihre Intention und Entschlossenheit an, das Göttliche in sich zu entdecken. Das Niederschreiben unserer Betrachtungen befürworte ich nur, weil es die Annäherung an unser wahres Ich unterstützt und uns folglich hilft zu erkennen, wer wir wirklich sind: göttliche Wesen. Wenn wir die Weisheit entdecken, die gleich unter der Oberfläche liegt, sind wir zutiefst erstaunt über unsere Kräfte und unser Wissen. Dadurch, dass wir es aufschreiben und später noch einmal lesen, verschaffen wir uns sehr effektive und beständige Orientierungsmarken, die uns in diesem temporeichen, immer auf irgendein »Fertigwerden« ausgerichteten Leben sonst fehlen würden.

Ein Beispiel für den Nutzen solcher Notizen ist mir noch besonders lebhaft gegenwärtig. Die Geschichte handelt von einer Frau, die während eines meiner Seminare erste Erfahrungen mit dem Aufschreiben ihrer Betrachtungen machte –

und vielen Menschen geht es bei solchen ersten Erfahrungen ganz ähnlich. Ich hatte die Teilnehmer wie immer in die umgebenden Gartenanlagen geschickt, wo sie ihrer stillen Betrachtung nachgehen sollten. Diese Frau nun war bei der Rückkehr in den Seminarraum ziemlich enttäuscht von ihren Bemühungen. Als die anderen vorlasen, was ihnen an Einsichten und Einfällen im Garten so alles gekommen war, hörte sie bewundernd zu.

Als sie dann selbst an die Reihe kam, gab sie uns kleinlaut zu verstehen, dass sie eigentlich gar nichts Vorlesenswertes habe. Ich bat sie, uns trotzdem teilhaben zu lassen. Und als sie dann las, wurde es ganz still im Raum. Vielen der Anwesenden ging ein Licht auf. Die »wertlosen« Notizen dieser Seminarbesucherin waren mehr als beeindruckend. Als sie schloss und in die Runde blickte, war ein ganz neues Strahlen in ihrem Gesicht, was darauf schließen ließ, dass sie selbst erst jetzt »vernahm«, was sie aufgeschrieben hatte. Etliche Teilnehmer äußerten sich dazu und sagten, die Fragen seien zwar ihre ganz eigenen gewesen, aber die Antworten, die sie gefunden habe, seien auch für die anderen von tiefer Bedeutung.

So einiges spricht also dafür, unsere Betrachtungen aufzuschreiben und später immer mal wieder zur Hand zu nehmen. Es ist, wie gesagt, nur einer von vielen möglichen Zugängen zur Stimme unseres wahren Ich, aber er besitzt einige Vorteile, die andere Methoden vielleicht nicht so leicht bieten:

- Wenn wir uns das Geschriebene erneut durchlesen, spiegelt es unsere Weisheit in ihrer ganzen Kraft und Wahrhaftigkeit.

- Wenn wir das Niedergeschriebene wirklich »vernehmen«, verstärkt dies unser Zutrauen zu unserem wahren Ich. Wir erkennen, dass wir uns bedingungslos auf es verlassen können, dass es ehrlich und liebevoll ist und immer auf unserer Seite steht.

- Dann erkennen wir immer deutlicher, dass die in unseren Betrachtungen hörbar werdende Stimme unsere eigentliche ist und die Denk- und Glaubensgewohnheiten des Ego bloß ein Luftschloss.
- So wächst unser Selbstvertrauen und unser ganzes Handeln beginnt sich an diesem inneren Ratgeber zu orientieren.

Sobald wir wissen, wer wir in Wahrheit sind, legen wir im Alltag aller Wahrscheinlichkeit nach sehr viel mehr Mut an den Tag als früher, einfach weil wir uns in allen Dingen zuverlässig von innen geführt wissen und unsere Verbundenheit mit der universalen Intelligenz spüren. Diese Zuversicht und Sicherheit, die wir daraus gewinnen, kann uns das Ego in keiner Weise bieten.

Stille Betrachtung – einige wichtige Aspekte

Wie gehen wir nun im Einzelnen vor, um unser wahres Ich kennenzulernen? Hier ein paar Leitlinien und Hinweise:

Bereitschaft

Das Wichtigste ist natürlich zunächst, dass wir bereit sind, die Stimme unseres wahren Ich zu hören. Unter dieser Bereitschaft verstehe ich eine Aufgeschlossenheit, die keine bestimmten Ergebnisse oder Antworten erwartet und uns alles erwägen lässt, was sich zeigen mag, auch wenn es (was oft der Fall ist) ganz und gar nicht zu dem zu passen scheint, was wir bisher geglaubt haben.

Diese Bereitschaft gesteht dem wahren Ich einen Raum zu,

in dem es sich äußern und gehört werden kann. Es ist wie in einem Gespräch, wenn ich gesagt habe, was ich sagen wollte, und dann schweige, damit sich der andere ebenfalls äußern kann.

Überheblichkeit

Das Gegenteil von Bereitschaft ist Überheblichkeit, die sich gern in Sätzen ausdrückt wie:»Also, etwas so Offensichtliches werde ich inzwischen ja wohl auch wissen« oder»Ich bin ja schließlich kein Volltrottel.« Überheblichkeit ist ein Wesenszug unseres Ego, das sich gern einbildet, es wisse schon, was zu tun ist und wie die Antworten lauten. Sie belässt uns in der scheinbaren Sicherheit all dessen, was wir bereits zu wissen glauben, und hält uns folglich vom Sprung ins Unbekannte ab. Aber nur da gibt es wirklich neue Antworten zu entdecken, die das Ego nicht bereits für sich vereinnahmt hat.

Mit dem Schritt von der Überheblichkeit zur aufgeschlossenen Bereitschaft erkennen wir an, dass es auf der Welt und speziell in unserem persönlichen Leben Dinge gibt, die wir eben noch nicht kennen. Die Natur ist nicht an vorgegebene Resultate gebunden. Sie ist Schöpfung, die eben jetzt geschieht, ein Spiel unerschöpflicher Möglichkeiten, und so ist es mit unserem Leben auch.

Wenn wir offen sind und anfangen, unserem wahren Ich zu vertrauen, macht es uns nichts mehr aus, etwas nicht zu wissen. Dann erkennen wir, dass Nichtwissen ein ganz natürlicher Zustand ist, den man nicht zu fürchten braucht. So ist das Unbekannte nicht länger beängstigend, sondern Aufforderung und Chance zu entdecken, wer und was wir wirklich sind.

Unsere tiefere Intelligenz kennt sich mit allem, was unserem Alltagsbewusstsein unbekannt ist, bestens aus – ist das nicht beruhigend? Nicht nur, dass es Antwort auf unsere Fra-

gen gibt, sie haben auch einen tieferen Sinn: Wir fragen unser
wahres Ich, und durch dieses Fragen und Lauschen schleusen
wir die tiefere Intelligenz mehr und mehr in unser Alltagsbewusstsein ein. Das Unbekannte ist dann nichts weiter als
unser noch nicht offenbar gewordenes wahres Ich. Und im
Offenbarwerden unseres tieferen Bewusstseins finden wir alle
Antworten, die wir brauchen, um unser Leben so zu leben,
wie es gemeint ist.

Neuland

Der Entdeckergeist führt uns in neue Länder und zu uner-
forschten Planeten, er lässt Wissenschaftler neue Heilverfahren
und andere Dinge erforschen und erfinden, die unser Leben
bereichern und verlängern. Genau dieser Entdeckergeist lässt
auch spirituell Suchende den Quell der Wahrheit finden – im
Innern. Wissbegier und Entdeckergeist machen das Unbekannte unwiderstehlich, lassen uns noch um eine weitere Ecke
blicken und den nächsten Gebirgszug übersteigen, bis wir den
Ursprung aller Mysterien und Einsichten gefunden haben.

Wo etwas als unbekannt empfunden wird, entstehen
zwangsläufig Neugier und Entdeckergeist. Jeder Wissensdrang
erzeugt Fragen, und Fragen haben, wie gesagt, die Wirkung,
dass wir mehr und mehr von unserem wahren Wesen zulassen.
Ich beginne zum Beispiel jeden Tag damit, dass ich einfach
still dasitze oder Tagebuchnotizen mache und mein wahres
Ich frage, ob es heute etwas zu sagen hat. Ich frage etwa:

- Um was geht es heute für mich?
- Gibt es etwas, worauf ich meine Aufmerksamkeit richten
  muss?
- Gibt es Probleme oder Angelegenheiten, denen ich mich
  widmen muss?

- Gibt es etwas, was ich wirklich tun möchte – schreiben, einen Freund anrufen, mein Arbeitszimmer aufräumen, irgendetwas anderes?

Dadurch, dass ich aufgeschlossen bin und Fragen stelle, wird mein Leben interessant und sinnvoll.

Fragen stellen

Eine Frage zu stellen ist ungefähr so, als würden wir den Telefonhörer abnehmen und die Nummer unseres wahren Ich wählen. Wir warten das Freizeichen ab, das heißt, wir fragen uns, ob wir wirklich bereit sind. Dann stellen wir die Frage. Und dann horchen wir.

Wenn nicht sofort Antworten kommen, ist vielleicht erst noch etwas zu klären:

- Habe ich auch die richtige Frage gestellt?
- Könnte ich sie vielleicht noch besser formulieren?
- Ist es der richtige Augenblick für diese Frage?

Sie werden staunen, was Sie da alles zu hören bekommen.

Die Frage selbst entstammt Ihrer Wissbegier, und hinter der steckt Ihr Entdeckergeist. Fragen zu stellen setzt eine gewisse »Unbelecktheit« voraus. Deshalb sind die Fragen von Kindern auch immer so unschuldig. Wenn wir uns selbst gegenüber vollkommen ehrlich sind, können wir auch als Erwachsene in dieser Unschuld fragen. Wir kennen den nächsten Schritt im Leben nicht, das bilden wir uns lediglich gern ein. Unschuldiges Fragen gibt uns die Chance, mehr zu hören, als das »Wissen« unseres Ego zulassen würde. Natürlich setzt Unschuld Demut voraus. Sie können nicht ernsthaft fragen, ohne sich zuvor einzugestehen, dass Sie etwas nicht wissen. Erst die Akzeptanz des Nichtwissens erzeugt die nötige Aufgeschlossenheit, ohne die keine echte Frage entstehen kann.

Vor eineinhalb Jahren habe ich mir eine Rückenverletzung zugezogen und musste über eine Woche flach auf dem Rücken liegen. Ich hatte große Schmerzen. In meiner stillen Betrachtung stellte ich die Frage, was ich für meinen Rücken tun könne. In jeder Phase dieses Prozesses bat ich mein wahres Ich um Anleitung für die Heilung – und jedes Mal bekam ich ein perfektes Rezept. Ich hatte das Gefühl, immer genau zu den richtigen Ärzten, Akupunkteuren, Heilern und Physiotherapeuten geführt zu werden. Die Heilung machte sehr rasche Fortschritte, und wie mir scheint, bin ich jetzt besser in Form als vor meiner Verletzung.

Erwartungen abschreiben

Wenn wir die echte Antwort nicht recht hören können, liegt es oft daran, dass wir schon zu wissen meinen, wie sie lauten wird. Natürlich haben wir immer schon Vorstellungen von möglichen Antworten. Aber nichts zwingt uns, uns auf sie zu versteifen. Auch um von unseren Erwartungen abzusehen und uns einzugestehen, dass wir uns irren könnten oder vielleicht wirklich keine Ahnung haben, sind Bereitschaft und Demut erforderlich. Erst mit der Bereitschaft, überhaupt nicht zu wissen, wie die Antwort lauten wird, verliert sich unsere automatische Abwehr gegen das tiefe Zuhören.

Tief zuzuhören heißt: beim Zuhören nichts anderes im Sinn haben als die Frage. So entsteht eine innere Ruhe, in der die Antwort deutlich vernehmbar wird. Statt unseren Verstand in seinen Schubladen nach einer Antwort kramen zu lassen, halten wir uns einfach offen, sodass uns weder Erinnerungen noch Überzeugungen im Wege stehen. Bei meiner

Rückenverletzung führte mich diese Offenheit zu Lösungen, die in meinem gewöhnlichen Tagesbewusstsein gar nicht existierten. So kam mir etwa bei der Niederschrift einer stillen Betrachtung der Gedanke, einen alten Freund anzurufen, den ich seit Jahren nicht mehr gesehen hatte, bei dem ich aber einmal einen Qigong-Kurs besucht hatte. Dieser Freund stellte für mich den Kontakt zu einem Fitnesstrainer her, der mir entscheidend weiterhelfen konnte.

Ein stiller Geist

Für diese Form der Betrachtung ist es auch wichtig, dass wir innerlich still sind. In der modernen Gesellschaft mit unseren übervollen Terminplänen, dem Zwang zum Multitasking, Stress und zu wenig freier Zeit ist innere Stille zu einem seltenen Vergnügen geworden. Wie aber sollten wir ohne sie Zugang zu innerer Betrachtung und zum wahren Ich finden? Wenn der Kopf voller Pläne und Gedanken ist, entspricht das dem Besetztzeichen beim Versuch, das wahre Ich anzurufen. Es kommt keine Verbindung zustande, weil alle Leitungen schon mit unseren eigenen Gedanken belegt sind.

Meine Mutter sagte immer gern: »Müßiggang ist aller Laster Anfang.« Damit ist wohl gemeint, dass wir uns mit lauter Beschäftigungen in Atem halten müssen, damit nur ja kein Platz für Einflüsterungen des Teufels bleibt. Dabei wird ganz selbstverständlich angenommen, dass wir von Gott getrennt sind. Und nicht nur das, wir sind üble, sündige, faule Taugenichtse.

Das stimmt aber gar nicht. Wir alle werden vollkommen heil und heilig geboren. Und erst wenn unser Selbstvertrauen Schaden nimmt, kommen wir überhaupt auf den Gedanken einer Trennung zwischen uns und Gott. Wenn wir das Göttliche in uns wahrzunehmen beginnen, können wir die Dinge etwas entspannter betrachten. Dann erlauben wir uns, innerlich still zu werden, und machen uns bereit für die Weisheit, die aus uns selbst kommt. »Müßiggang ist aller Einsicht Anfang«, lautet daher meine Abwandlung des alten Sprichworts. Erst wenn unser Verstand untätig wird, hören wir die Stimme Gottes, die Stimme unseres wahren Ich.

Einverständnis

Wenn ich mich zur stillen Betrachtung und Niederschrift hinsetze, finde ich mich oft erst einmal auf dem Karussell meiner Gedanken wieder, und es kann dauern, bis Stille einkehrt. Ich weiß, dass ich diese Geschäftigkeit nicht einfach abschalten kann und es auch gar nichts nützt, mir deswegen Vorhaltungen zu machen. Es gibt nur einen einzigen Weg durch diesen Irrgarten der Gedanken: sich vollkommen darin annehmen. Im Einverständnis mit diesem Gedankengestöber liegt für mich die Chance, zur Stille zu gelangen.

Jeder mag andere Rezepte für das Erreichen der inneren Stille haben. Es geht hier nicht um Techniken; das Beste ist immer das, was Ihnen im Augenblick als Inspiration kommt. Manchmal genügt es schon, einfach darauf aufmerksam zu werden, dass Sie sich in Gedanken verloren haben. Manchmal müssen Sie sich gezielt davon ablenken und sich etwas anderem zuwenden. Das Wichtigste ist zu wissen, dass es *möglich* ist, innerlich still zu werden. Und wenn Sie einmal partout keinen Frieden finden können, ist es ganz entscheidend, dass Sie sich darin annehmen.

In Fluss kommen

Sie sind jetzt also bereit, haben sich von Erwartungen gelöst, sind offen für Neues, haben innere Ruhe einkehren lassen und lauschen. Wie beginnt die Stimme Ihres wahren Ich nun zu sprechen?

Es kann sein, dass zunächst ein langes Schweigen folgt. Ein andermal mischt sich vielleicht Ihr Beschäftigung suchender Verstand wieder ein. Aber vertrauen Sie einfach, seien Sie geduldig und bereit, dann wird die Stimme zu sprechen beginnen. Wenn etwas vernehmlich wird, hinterfragen Sie es nicht, versuchen Sie nicht, den Sinn zu ergründen – am besten, Sie haben überhaupt keine Meinung dazu. Anfangs kann die Stimme leise und eher zögerlich sein, bald aber kommen die Antworten schneller.

Bei mir bestanden sie zuerst einfach in einem Gefühl ohne Worte. Ungefähr so, als würde ich ein inneres Bild der Antwort sehen, eine Ahnung von etwas, das noch nicht zu benennen ist, aber *fühlbar* bevorsteht. Es ist, als wüsste ich schon, bevor ich sagen könnte, was ich da weiß.

Das ist ganz wichtig: Legen Sie es nicht darauf an, Worte zu hören. Hier wird eine Einsicht geboren – sie wird empfangen, dann wächst sie, und erst wenn die Zeit reif ist, nimmt sie sprachlich Gestalt an. Wenn ich bei meiner stillen Betrachtung mitschreibe, habe ich oft keine Ahnung, welches Wort als nächstes kommen wird. Ich lasse einfach allem, was kommt, seinen Lauf, und vertraue darauf, dass es am Ende schon irgendeinen Sinn ergeben wird. Ich vermeide es sogar, die Worte auch nur anzuschauen, die da aufs Blatt fließen oder mir durch den Sinn gehen. Ich versuche nicht, vorherzusehen, wohin die Worte zielen oder wann ihr Strom zum Ende kommen wird. Ich enthalte mich jedes Urteils, auch wenn das Geschriebene nicht gleich seinen Sinn preisgibt. Manchmal kommt es mir so vor, als hätte ich überhaupt keine Kontrolle und als hätte etwas anderes die Führung übernommen. Und so ist es in der Tat: Das wahre Ich übernimmt die Führung. Wenn der Kritiker, der Zweifler und der Richter einmal aus dem Weg geräumt sind, kommen die Betrachtungen und Einsichten in Fluss.

Wenn dieses Fließen der Einsichten und Inspirationen beginnt, empfinden wir Freude und Begeisterung. Ich kann manchmal nur staunen, voller Ehrfurcht staunen, was mir da aus der Feder oder auf den Bildschirm fließt. *Habe ich das wirklich gesagt?* Die Stimme des wahren Ich kann am Anfang ein wenig fremd klingen, weil wir so sehr an das Geplapper unseres Ego gewöhnt sind. Wenn Sie eine neue Freundschaft schließen, fühlt sich das ganz ähnlich an. Sie sind noch ein wenig befangen und auf der Hut, es fehlt noch an Vertrauen. Im Laufe der Zeit stellt sich aber heraus, dass Ihr wahres Ich ein wirklich guter Freund ist, dem Sie alles erzählen können, ohne dass er je darüber urteilen wird. Er liebt Sie einfach und akzeptiert Sie und tut alles für Sie. Allerdings wird die Stimme Ihres wahren Ich auch nie süßlich beschwichtigend dahersäuseln, sondern Ihnen geradeheraus sagen, was Sache ist. Wenn ich mich zum Beispiel allzu beschränkt zeige, pflegt sich meine innere Stimme sehr bestimmt zu äußern. Die Stimme des wahren Ich weiß sehr genau, was sie sagt, und nimmt kein Blatt vor den Mund.

Eine Zeit lang habe ich mich immer wieder mal mit einer Gruppe von Freunden getroffen, um das, was ich hier beschreibe, gemeinsam zu üben. Dabei haben wir uns unsere aufgezeichneten Betrachtungen oft gegenseitig vorgelesen. Eine der besonders auffallenden Beobachtungen, die wir dabei machten, war die, dass die Antworten, die einer auf ganz persönliche und auf ganz bestimmte Situationen gemünzte Fragen bekam, immer auch den anderen etwas sehr Wichtiges zu sagen hatten. Später habe ich den Prozess im Rahmen von Seminaren vermittelt, und auch hier zeigte sich dieses Phänomen. Das Wesen der Wahrheit ist, dass sie universale Gültigkeit und Anwendbarkeit besitzt. Wenn Sie etwas Wahres lesen, kommt es Ihnen so aktuell vor, wie es vor vielleicht zweitausend Jahren war und in zweitausend Jahren noch sein wird. Wahrheit ist zeitlos und überall gültig und doch zugleich sehr persönlich und auf unser Hier und Jetzt gemünzt.

Die schriftliche Betrachtung wird Ihnen mit der Zeit leichter fallen und schließlich ganz mühelos vorkommen. Es ist wie mit so vielen Dingen: Je mehr man etwas übt, desto besser kann man es. Es gibt auch Tage, an denen Sie gar nichts zu sagen oder zu fragen finden werden. Machen Sie sich nichts daraus. Wenn Sie den Faden dann nach einigen Tagen wieder aufnehmen, wird Ihr wahres Ich zur Stelle sein und Sie herzlich empfangen. Sie treten immer mehr in Kontakt mit Ihrem göttlichen Wesen und werden von Tag zu Tag mehr zu dem, was Sie wirklich sind. Es kommt so weit, dass Sie sich gar nicht mehr hinsetzen und Fragen notieren müssen und doch Antworten bekommen. Wie eine meiner Seminarteilnehmerinnen kürzlich einmal sagte:

So sehr ich die schriftliche Betrachtung und die Einsichten, die sich darin niederschlagen, auch liebe, ich setze mich nicht oft hin, um mir Notizen zu machen. Ich habe aber immer wieder kleine Einfälle, die in jeder Lebenslage weiterhelfen, wenn ich nur kurz anhalte und mich besinne, zum Beispiel während einer Geschäftsbesprechung. Dafür genügen oft zehn bis fünfzehn Sekunden. Wenn wir in einer diffizilen Verhandlung an einen toten Punkt kommen, kann es eine unschätzbare Hilfe sein. Erstaunlich, was da alles an Wahrheiten von innen kommt! Diese kurzen Betrachtungspausen im Zuge der laufenden Ereignisse helfen mir auch, wenn Angst aufkommt. Ich halte dann kurz inne und frage mich, worauf mich die Angst wohl aufmerksam machen will, und schon erfahre ich, was ich wissen muss, um wieder sicheren Boden unter die Füße zu bekommen, auf dem ich dann weitergehen kann.

Wenn Sie die schriftliche Betrachtung üben wollen, lassen Sie am besten den Tag damit beginnen oder ausklingen. Es gibt hier keine Regeln und Rezepte, tun Sie das, was Sie überzeugt. Jeder hat seine eigenen Anlagen und Vorlieben. Es kommt nur darauf an, dass Sie nach innen lauschen, um die Ratschläge zu empfangen, die für jeden jederzeit bereitstehen.

Wenn wir nicht hören können oder wollen

Zum Abschluss dieses Kapitels über die schriftliche Betrachtung möchte ich Ihnen noch ein paar der häufigsten Stolpersteine zeigen, die bei der Nutzung dieser so wichtigen inneren Ressource zum Hindernis werden können.

»Ich habe zu viel zu tun«

Nur allzu leicht lassen wir uns vom Tempo unserer Zeit mitreißen und gönnen uns keine Muße, der Stimme unseres wahren Ich zu lauschen. Ohne den bewussten Entschluss, die Beziehung zu unserem wahren Ich ernster zu nehmen als alles andere, kann diese Beziehung aber nicht entstehen. Seien Sie also bereit, seien Sie neugierig, trauen Sie sich, die Stimme zu hören, und Sie werden den Antrieb haben, das Nötige zu tun.

Wenn wir diesen Entschluss gefasst haben, kann es zunächst notwendig sein, einen verlässlichen festen Rahmen zu schaffen, um unserer Geschäftigkeit und Kopflastigkeit Herr zu werden. Auch ich musste mir ganz bewusst und diszipliniert Zeit für die stille Betrachtung freihalten, und erst dann gelang es mir, diesen Raum auch während des übrigen Tagesablaufs offen zu halten.

Sobald wir uns für die stille Betrachtung Zeit nehmen und diese lebenswichtige Beziehung zu unserem wahren Ich aufbauen, fügen sich alle anderen Dinge in unserem Leben viel leichter. Das wahre Ich ist die sichere Basis unseres Lebens, es ist die Ausgeglichenheit, in der wir unser Leben genießen können, und die gelassene Ruhe, in der wir tiefen Frieden finden.

»Das ist mir unheimlich«

Der Weg zu unserem wahren Ich ist ein Schritt ins Unbekannte, der Mut verlangt, mehr Mut als alles andere, was Sie je tun werden. Der Schritt ins Unbekannte ist auch ein Schritt ins Dunkel. Allerdings fürchten wir nicht das Dunkel selbst, sondern unsere Vorstellungen von dem, was da lauern könnte. Es ist immer dasselbe, wenn die Leute sich schließlich doch für den Schritt ins Unbekannte und zu ihrem wahren Ich entscheiden: Sie können nur staunen, wie liebevoll, gütig und Mut machend alles ist, was sie da hören und begreifen. Ihr wahres Ich wird Sie niemals verurteilen, ablehnen oder kränken. Wenn sich das Licht ihres Bewusstseins im Unbekannten ausgebreitet hat, werden Sie sehen, dass da nichts anderes als Unterstützung und Anleitung für Sie ist. Hier ist nichts als Liebe, die Sie heim zu Ihrem wahren Ich leitet. Nach einer Weile werden Sie geradezu darauf brennen zu erfahren, was hinter der nächsten Kurve liegt. Dann scheuen Sie das Unbekannte nicht mehr, sondern suchen es geradezu.

»Ich soll mir glauben?«

»Wie könnte ich auf Ratschläge bauen, die von mir kommen?«
Das tiefe Misstrauen uns selbst gegenüber kommt daher, dass
wir uns von Gott getrennt fühlen. Dann sehen wir uns als ein
armes kleines Ego, das ganz allein ist in dieser erschreckenden,
bedrohlichen Welt – nein, das ist wirklich niemand, bei dem
wir Wahrheit und Anleitung suchen würden. Ich habe mich
viele Jahre meines Lebens an Menschen zu orientieren versucht,
die mir weiser, kenntnisreicher und respektabler erschienen als
ich selbst. Ich fand diese Gestalten in Büchern oder als leben-
dige Lehrer, Berater und spirituelle Führer – und sie hatten ja
wirklich manches Wunderbare und Nützliche zu sagen. Aber
ich wusste, dass ich letztlich mir selbst vertrauen musste. Die
schlichte Wahrheit lautet ja, dass ich der Einzige bin, der weiß,
wie ich mein Leben zu führen habe. Ich bin nicht allein und
keineswegs von anderen getrennt, aber niemand außer mir ist
für mein Leben verantwortlich. Nur ich kann die Richtung
meines Lebens bestimmen, meine Entscheidungen treffen,
meinen Weg wählen. Ich weiß, dass ich mich auf diesem Weg
zurechtfinden werde, wenn ich auf meinen eigenen gesunden
Menschenverstand und die tiefere Weisheit höre. Wenn ich
mir nicht vertraue, wem denn dann?

»Ich bin es nicht wert«

»Mir steht kein glückliches Leben zu. Ich habe nicht genug ge-
litten, nicht genug gelernt, mich nicht genug entwickelt.« Das
ist, was das Hören unserer wahren Stimme angeht, vielleicht
die häufigste Blockade, die ich bei Menschen auf dem Weg
der Selbstentdeckung erlebe. Wenn ihnen aufgeht, dass nichts
und niemand anderes als sie selbst ihnen ein Leben vorenthält,
das der Himmel auf Erden sein könnte, fahren sie hundert
Gründe dafür auf, dass sie das, was sie sich immer gewünscht

haben, nicht bekommen können. Und alles, was sie vorbringen, lautet im Kern: *Ich bin es nicht wert.*

O doch, es steht uns allen zu, ausnahmslos. Wir sind alle hier, um unser göttliches Ich zu erkennen und zu leben. Der Tag des Gerichts ist bereits da, und *Sie* sind der Richter. Werden Sie sich ins Himmelreich einlassen? Bitte erinnern Sie sich: Das Reich Gottes ist in euch.

»Vielleicht bekomme ich ja etwas zu hören, was ich nicht hören will«

»Was, wenn mir die Antwort nicht schmeckt oder falsch ist. Und was ist, wenn es heißt, ich soll alles anders machen – in meinem Beruf, in meiner Ehe, in meiner Lebens- und Ernährungsweise ... den Wohnort ändern ... das Rauchen aufgeben ...?« Das hält viele davon ab, sich die Zeit für stille Betrachtung zu nehmen. Manch einer drückt sich jahrelang an der Wahrheit vorbei, dass er im falschen Job und in der falschen Beziehung ist und nicht das tut, wozu er eigentlich auf der Welt ist. »Ich könnte mich ja ändern müssen, und würde das nicht mein ganzes Leben aus dem Gleichgewicht bringen?« – »Ich bin doch bislang auch immer irgendwie zurechtgekommen.« – »Ich weiß gar nicht, ob ich dazu überhaupt in der Lage bin.« – »Beim Gewohnten weiß ich wenigstens, dass ich es kann.« Oder auch: »Das könnte mir meinen ganzen Lebensplan über den Haufen werfen.«

Alles, was wir aus Gewohnheit tun, beschneidet unsere Kreativität und nimmt uns die Kraft, unser Leben zu wählen – und das ist ja die Definition von Freiheit. Wir werden Gefangene unserer eigenen Gedanken, Glaubenssätze und Scheuklappen. Das, was unser Ego im Kern ausmacht, ist eigentlich die Angst vor Veränderung. Das Ego möchte immer das tun, was ihm sicher, normal, vernünftig und akzeptabel erscheint – »so haben wir das doch schon immer gemacht«. Unser wahres Ich beschwört uns: »Hör auf mich, vertraue mir, dann wird alles gut.«

Wenn wir eine echte Frage stellen, werden wir niemals eine Antwort erhalten, die uns in irgendeiner Weise schaden könnte. Die Antwort wird uns das Leben leichter machen, wir können durch sie nur gesünder und glücklicher werden und den Sinn und Zweck unseres Lebens finden. Dorthin führt nur der mutige Sprung in die Bereitschaft, nach innen zu lauschen und unserem eigenen göttlichen Ratschluss zu folgen.

Alle diese Hindernisse zeigen das Gesicht der Angst, nur aus verschiedenen Blickwinkeln. *Angst ist das Einzige, was uns von uns selbst fernhält.* Ich kenne Menschen, die sich gegen die Einsichten aus ihrer eigenen stillen Betrachtung entschieden haben, und kann kaum fassen, wie man die göttliche Wahrheit ans Licht bringen und sie dann ignorieren kann. Immerhin wurde mir durch solche Beispiele einmal mehr deutlich, dass unsere Entschlusskraft eine vom freien Willen geleitete schöpferische Kraft ist, die wir jederzeit ge- oder missbrauchen können. In jedem Augenblick haben wir die Wahl: Angst oder Göttlichkeit.

Angst ist einfach eine vom Denken erzeugte Illusion, mit der wir uns vom Erkennen unseres wahren Ich abhalten. Nach innen lauschende stille Betrachtung dagegen stellt den Schlüssel für die Tür zur Freiheit dar, die wir meinen. Es ist möglich, von der Angstsucht zu genesen.

》》MERKHILFEN

- Stille Betrachtung hat nur Vorteile:
  - Von innen heraus führen wir ein Leben, das unseren Wertvorstellungen, Zielen und unserer Wahrheit entspricht.
  - Wir leben nicht länger in Verwirrung und Zwiespalt, sondern aus einem Gefühl der Zuversicht, Entschlossenheit und Gewissheit heraus.
  - Wir leben unsere wahre Bestimmung, statt uns willenlos von unseren Gewohnheiten treiben zu lassen.
  - Unsere Entscheidungen sind mutig und wahrhaftig, sie entspringen unserem Herzen und können andere inspirieren.
  - Praktische Dinge wie Beruf, Finanzen, Gesundheit, Ernährung und Beziehungen handhaben wir mit einer neuen Leichtigkeit und viel mehr Augenmaß.
  - Unser Leben wird interessanter, bekommt einen weiteren Horizont – ein Abenteuer, das nie langweilig ist.
  - Unser Leben ist von Liebe und nicht mehr von Angst geleitet.
- Stille Betrachtung offenbart unser wahres Ich.
- Unsere Bereitschaft und das Eingeständnis, dass wir nicht alles wissen, schaffen einen Raum, in dem sich unser wahres Ich mitteilen kann.
- Entdeckergeist erzeugt Neugier und Fragen – das also, was man für den Schritt ins Unbekannte braucht.
- Aufrichtiges Fragen erzeugt die Demut, in der wir wahrhaft hinhören können.
- Machen Sie sich keinerlei Vorstellungen von dem, was Sie zu hören bekommen werden.
- Müßiggang ist aller Einsicht Anfang.
- Urteilsfreies Annehmen transformiert jeden unerfreulichen Gedanken.
- Erkenntnisse fließen uns nur so zu, solange wir nicht vorwegnehmen, worin sie bestehen könnten.
- Nur die Angst in ihren unzähligen Verkleidungen hält uns davon ab, die Stimme unseres wahren Ich zu hören.

7   Intuition

Wer sein Leben lang geglaubt hat, Angst bedeute Sicherheit, gebe ihm Anlass, für die Zukunft vorzusorgen und überhaupt sein Leben und das Leben der Menschen ringsum unter Kontrolle zu halten, der wird den Gedanken, die Angst einfach loszulassen, möglicherweise ganz besonders beängstigend finden. Was aber könnte den Platz der Angst einnehmen, wenn wir nicht mehr möchten, dass sie in unserem Leben das Regiment führt?

Intuition. Intuition befreit uns von Angst, Sorgen und Kopflastigkeit. Sie ist eine Art automatische Zielpeilung, stets aktiv und so eingestellt, dass sie uns in den Einklang mit dem Frieden und der Intelligenz unseres göttlichen Wesens zurückführt. Diese Intelligenz geht über das Vermögen der Sinne und des Verstandes hinaus – sie ist unsere Verbindung mit dem Ganzen. Wenn wir ihren klugen Rat beherzigen, können wir unsere Gesundheit wiederherstellen, unsere Differenzen mit anderen beilegen und im Einklang mit der Erde und miteinander leben. Tiefe Hoffnung werden wir erfahren.

Intuition ist die »Wellenlänge«, über die sich die universale Intelligenz, unser wahres Ich, mitteilt. Sie kann sich in körperlichen Empfindungen wie etwa »Bauchgefühlen« äußern. Diese müssen allerdings nicht immer im Bauch spürbar werden, sondern können sich zum Beispiel auch als das Aufstellen der Nackenhaare äußern. Oder sie nehmen die Form eines allgemeinen Körperempfindens an. Intuition kann auch als plötzliche Erkenntnis, als Vision oder Traum auftreten. Jeder hat seine ganz eigene Art, die Sprache seiner Intuition zu verstehen.

Die Intuition wird (neben den fünf körperlichen) auch als »sechster Sinn« bezeichnet. Bei vielen Menschen ist er der am wenigsten entwickelte und scheint mitunter gänzlich verschüttet zu sein. In unserer Gesellschaft wird leider traditionell sehr viel mehr Wert auf den Verstand und auf folgerichtiges Denken gelegt, weshalb die Menschen ihren intuitiven Sinn mehr oder weniger eingebüßt haben. Im Allgemeinen lassen wir nur das gelten, was wir über unsere fünf äußeren Sinne wahrnehmen. Die Intuition dagegen gilt als wenig verlässlich, weich, weiblich – ohne praktische Bedeutung.

Im Grunde wissen wir schon gar nicht mehr, was Intuition eigentlich ist, und so kommt es häufig zu Verwechslungen mit Regungen, die eigentlich nur projizierte Glaubenssätze oder maskierte Ego-Bedürfnisse sind. Wenn ich zum Beispiel das Gefühl bekomme, dass ich einen neuen Wagen brauche, kann es sein, dass ich mir nur einzureden versuche, es handle sich um die Stimme meiner Intuition, während ich in Wirklichkeit einfach unglücklich und unzufrieden bin und die innere Leere mit Neuerwerbungen zu füllen versuche.

Aber wir alle besitzen Intuition. Wir erinnern uns im Nachhinein oft, dass wir eigentlich schon geahnt hatten, was passieren würde. Das gibt uns manchmal Anlass zu bedauern, nicht besser auf unser Bauchgefühl gehört zu haben.

Unser inneres Radarsystem

Die Intuition ist ein Frühwarnsystem, das etwas ankündigt, bevor es für die übrigen Sinne wahrnehmbar wird. Ich zum Beispiel erlebe es häufig, dass ich an jemanden denke und diese Person kurz darauf anruft. Das mag bei nahen Angehörigen noch verständlich erscheinen, aber wenn es sich um jemanden handelt, mit dem ich seit Jahren nicht mehr gesprochen habe, finde ich so etwas schon bemerkenswert, es kann sogar eine leichte Gänsehaut machen. Wir alle kennen dergleichen Dinge oder haben andere davon reden hören, aber meist tun wir sie als »reinen Zufall« ab. Das ist mehr etwas für »medial veranlagte« Leute; wir selbst haben irgendwie keinen verlässlichen Zugang dazu. Intuition scheint ja auch die anerkannten Grenzen von Raum und Zeit zu sprengen und Dinge wahrzunehmen, die in der Zukunft oder außerhalb der Reichweite unserer übrigen Sinne liegen.

Intuition ist jedoch in mancher Hinsicht etwas, was uns alle verbindet. Und wenn wir ihr vertrauen und öfter auf sie zurückgreifen würden, hätten wir davon manchen Vorteil:

• Sicherheit: Intuition lässt uns Gefahren spüren, bevor sie äußerlich erkennbar werden.
• Gesundheit: Wenn etwas im Körper nicht mehr ganz stimmt, spüren wir es rechtzeitig und können einen Arzt oder Therapeuten aufsuchen und uns untersuchen lassen.
• Ausgewogene Lebensführung: Die Intuition lässt uns wissen, wann wir Bewegung brauchen und wie viel, was wir essen sollten und in welcher Menge, wann wir Ruhe oder Schlaf benötigen. So unterstützt sie uns bei der sinnvollen Planung unseres Tagesablaufs.
• Chancen: Intuition lässt uns berufliche und finanzielle Erfolgschancen wittern, sie gibt uns das Gespür für Beziehungen und ein Leben, das Spaß macht und in dem wir uns geborgen fühlen.
• Leistung: Die Intuition ermöglicht bessere Ergebnisse im Sport, im Beruf, auf dem Gebiet der Kreativität und der spirituellen Entwicklung.

- Innere Ruhe: Intuition lässt uns innerlich ruhig werden; sie baut Stress ab und bringt, weil sie an die Stelle der Angst tritt, mehr Freude in unser Leben.

Vernetzung

Auf welchem Wege erreicht uns das, was die Intuition uns sagt? Die moderne Physik macht sehr deutlich, wie vielfältig wir alle miteinander verbunden sind. Was wie leerer Raum zwischen den Dingen aussieht, ist tatsächlich mit Energiemustern und anderen unsichtbaren »Dingen« aller Art angefüllt: Mikrowellen, Radiowellen, Mikroorganismen, subatomare Teilchen, digitalisierte Licht- und Tonsignale, die Telefongespräche, Fernsehbilder und die Kommunikation via Internet übermitteln, und wahrscheinlich eine Menge mehr, wovon wir noch gar nichts wissen. Die Physik ermöglicht es mir, in meiner Hütte in der kanadischen Wildnis zu sein und mich per Computer und Satellit mit meiner Frau in Minnesota oder Freunden in Asien oder Lateinamerika zu unterhalten. Was uns zu trennen scheint, ist offenbar gar nicht so real, wie wir dachten, weder auf der physikalischen noch auf der geistigen Ebene. In Wirklichkeit bilden wir ein engmaschiges Beziehungsgeflecht, und was uns verbindet, ist für das Auge nicht unbedingt sichtbar. Auf solchen unsichtbaren Bahnen bewegt sich auch die Intuition.

Stellen Sie sich vor, Sie wären auf einer einsamen Insel mitten im Ozean. Sie leben dort, und alles, was Sie sehen, hören, berühren, schmecken und riechen, wird Ihnen mit der Zeit vertraut. Die Insel ist Ihre Wirklichkeit, die Ihnen bekannte Welt, nämlich alles, was Sie erfahren, gelernt und gespeichert haben. Die Ihnen bekannte Oberfläche der Insel ist aber nur ein winziger Teil der »gesamten Insel«, den Ihre Sinne erfassen können. In Wirklichkeit geht das »Land« ja unter der umgebenden Wasserfläche bis in die tiefsten Tiefen des Ozeans weiter und verbindet Ihre Insel mit allen anderen Inseln und allen Kontinenten und dem gesamten Meeresboden. Ja, wir sind getrennt, aber nur an der Oberfläche. Wie all die scheinbar voneinander getrennten Inseln im Meer sind auch wir alle unter der Oberfläche miteinander verbunden, und diese Vernetzung ermöglicht uns die intuitive Kommunikation. Eine Kommunikation dieser Art ist vielfach sehr subtil und unseren körperlichen Sinnesorganen nicht unbedingt zugänglich.

Unsere Familie besitzt einen Pflanzenzuchtbetrieb, dessen Bürogebäude im letzten Sommer abgebrannt ist. Dort steht auch noch unser Elternhaus, von dem aus man auf den Parkplatz vor den Treibhäusern blickt. Eine Woche vor dem Brand hatte eine Frau aus meiner Familie einen Traum. Vor dem Ausbruch des Feuers hatte sie mir in allen Einzelheiten von diesem Traum berichtet. Und als es dann tatsächlich brannte, erinnerte sie mich daran. Der Schreck fuhr ihr derart in die Glieder, dass sie nach dem Brand fünf Nächte lang nicht schlafen konnte. Sie musste ständig an das Feuer denken, vor allem weil alles genau wie in ihrem Traum abgelaufen war – erst beim dritten Gebäude konnte der Brand gelöscht werden.

Wie aber kann ein Traum die Zukunft voraussagen? Die meisten Menschen würden wohl von Zufall sprechen, dabei ist die Intuition ein ganz normaler Bestandteil unseres Lebens. Über diese Ausdrucksform der universalen Intelligenz sind wir sowohl mit Möglichkeiten in der Zukunft als auch untereinander verbunden.

Die Macht der Intuition

Der ganze Informationsfluss durch den leeren Raum versetzt mich auch heute noch immer wieder in Erstaunen – Satellitenübertragungen von Telefongesprächen, Filmen, Banktransaktionen, medizinischen Informationen, Flugroutenkoordination, Fotos und, und, und. Wie kann es sein, dass all diese Informationen einfach so durch die Luft übertragen werden? Die wenigsten von uns wissen, wie die Technik, die das alles ermöglicht, funktioniert. Und doch sind wir fest davon überzeugt, dass alles klappt – wenn wir zum Beispiel Geld via Internet transferieren, vertrauliche Informationen übertragen oder im Flugzeug sitzen und nicht mit Zusammenstößen rechnen.

Wenn wir den unsichtbaren Mysterien der Technik vertrauen, warum dann nicht auch der ebenso unsichtbaren Intuition?

Im Falle der Technik bauen wir darauf, dass es Wissenschaftler gibt, die wissen, warum und wie sie funktioniert. Deshalb brauchen wir selbst diese Kenntnisse nicht. Wenn es aber um Vertrauen zu unseren eigenen Überlebensinstinkten geht, wollen wir handfeste Beweise sehen. Dabei müssten wir nur unser eigenes Leben und das der Menschen ringsum näher betrachten, um zu sehen, dass alles viel besser läuft, wenn wir der unsichtbaren Kraft der Intuition einfach vertrauen. Erfolgreiche Unternehmer, Sportler, Künstler, Wissenschaftler, Musiker und Schriftsteller gelten in der Regel als besonders intuitiv. Und tatsächlich, sie alle bedienen sich der Intuition in ihren verschiedenen Formen, als da zum Beispiel wären: Kreativität, plötzliche Einsicht (auch gern »Geistesblitz« genannt) und Bauchgefühl.

In der Zeitung habe ich einmal von einer Frau gelesen, die einer schlimmen Begegnung mit Terroristen entging, weil sie ihrer Intuition vertraute. Sie besaß keine übersinnlichen Fähigkeiten, sondern war ein Mensch wie du und ich, der einfach an einem bestimmten Tag auf seine Intuition hörte. Sie lebte in einem Vorort von Tokio und fuhr jeden Tag mit der U-Bahn zur Arbeit. Eines Morgens verspürte sie den starken Impuls, die Strecke mit dem Auto zurückzulegen, was sie sonst nie tat. Sie dachte über diesen Impuls nach und verwarf ihn zunächst, weil Parkplätze in der Stadt rar und teuer sind und man auch nie weiß, wann man ankommt. Aber dieses seltsame bange Gefühl – die Form, die ihre Intuition annahm – wurde immer stärker, und ihre innere Stimme beharrte ganz entschieden darauf, dass sie mit dem Auto fuhr. Schließlich gab sie dieser Stimme nach, wider alle Vernunft, wie sie dachte. Es war der Tag der verheerenden Giftgasanschläge, denen so viele Menschen in den U-Bahn-Schächten zum Opfer fallen sollten. Hätte sie nicht auf diese keiner Quelle zuzuordnende und widersinnig klingende Stimme der Intuition gehört, vielleicht wäre sie heute nicht mehr am Leben. Wie sich herausstellte, war die Stimme in Wahrheit höchst vernünftig und von sehr praktischer Bedeutung.

Auch wenn sich die Intuition mit unserem heutigen wissenschaftlichen Instrumentarium noch nicht stichhaltig beweisen lässt, von der Hand zu weisen ist sie dennoch nicht. Wir sehen und merken nichts von den Impulsen, die von Satelliten zu unseren Fernsehempfängern gelangen, haben aber keinerlei Bedenken, dass es funktioniert, wenn wir abends das Gerät einschalten. Was ist denn da anders? Vertrauen. Wir vertrauen Dingen und Menschen, die sich als verlässlich erwiesen haben. Wagen wir also den Glauben an die Intuition, denn nur so können wir erfahren, wie verlässlich sie wirklich ist.

Schafft Wachsamkeit wirklich Sicherheit?

Intuition ist wie ein Radarschirm, der mögliche Gefahren erfasst, bevor sie wirklich da sind, und diese Form der Wachsamkeit hat keine »unerwünschten Nebenwirkungen«. Ständige bewusste Wachsamkeit dagegen ist ermüdend und stressig und lässt kaum Lebensfreude zu. Sie ist eine Art ständige Alarmbereitschaft, hinter der angstbesetzte Überzeugungen stehen. Wir versuchen Sicherheit zu schaffen, indem wir ständig und zwanghaft immer wieder alles durchgehen, was schiefgehen könnte. Dieses Zuviel an Gedanken überlastet jedoch die Kommunikationswege zwischen unserem Tagesbewusstsein und unserem weisen wahren Ich. Es macht uns ängstlich, lässt uns reale Gefahren ebenso übersehen wie alles, was wunderbar glatt läuft, und so bringen wir uns selbst um ein ruhiges, friedliches Leben. Falscher Alarm ist dann natürlich an der Tagesordnung, denn zur Angst gesellt sich die Fantasie, und zusammen beschwören sie allerlei Buhmänner herauf, die gar nicht da sind.

Das Schöne an der Intuition ist, dass wir unser Bewusstsein überhaupt nicht anstrengen müssen, um alles, was schiefgehen könnte, ständig im Auge zu behalten. Intuition ist wie ein stets auf Bereitschaft geschaltetes Sicherungssystem, das nicht nur Gefahrenquellen, sondern alles im Auge hat – Ölwechsel, fällige Zahlungen, Wartung der Heizung und sogar den Freund, der in der Klemme sitzt und dem unser Anruf sehr guttun wird.

Nach dem 11. September haben wir immer wieder zu hören bekommen, wie wichtig es ist, ein waches Auge auf nicht ganz koscher wirkende Fremde, Anzeichen von ungewöhnlichen Vorgängen und allerlei andere Gefahren anzeigende Dinge zu haben. Ganz besonders natürlich, wenn Gefahrenstufe gelb oder rot ausgerufen wurde. Worauf wir genau achten sollten, hat man uns eigentlich nie gesagt, nur eben dass erhöhte Wachsamkeit angezeigt sei. Ständige Angst – soll das etwa das Schicksal sein, dem wir uns zu fügen haben? Der Angstlevel einer Gesellschaft lässt sich direkt an den Verkaufszahlen für Abwehrmittel und Sicherheitssysteme ablesen. Und natürlich an der zwanghaften Beschäftigung mit allen möglichen Gefahren, die man durch ständiges Verfolgen der Nachrichten glaubt bannen zu können. Erhöht all das aber wirklich unsere Sicherheit? Ich glaube, es untergräbt nur jeden Rest von Geborgenheitsgefühl, es entfremdet uns einander immer mehr, es treibt viele in ein Leben in dumpfem Nichtwissenwollen, in Rückzug und Ratlosigkeit.

In meinen dreißig Jahren als Psychologe ist mir immer wieder aufgefallen, dass Menschen, die in Angst oder Verleugnung leben, besonders häufig von allerlei Kalamitäten heimgesucht werden. Das hat einen ganz einfachen Grund: Wer mit den Scheuklappen der Angst lebt oder den Kopf in den Sand steckt, sieht nicht genug, wenn überhaupt etwas. Solche Menschen sind so sehr in Gedanken an mögliche Bedrohungen verstrickt, dass sie die durchaus erkennbaren Gefahren vor ihrer Nase übersehen. Sie sind mit den Gedanken in der Zukunft oder in der Vergangenheit, aber kaum je in der Gegenwart. In beiden Fällen – Totalverweigerung oder Zwangsgedanken – ist ihnen das Bewusstsein des gegenwärtigen Augenblicks verloren gegangen.

Aber nur, wenn wir in der Gegenwart leben, stehen uns Intuition und klare Wahrnehmung der Realität zur Verfügung. Nur in diesem gegenwärtigen Augenblick können wir erkennen, was gefährlich ist und was nicht. Und wenn wir bewusst sind und klar sehen, können wir in jeder Lebenslage aus der Weisheit unseres wahren Ich schöpfen.

An Tieren lässt sich das sehr schön verdeutlichen. Ich habe oft die Gelegenheit, Hirsche und andere Wildtiere aus nächster Nähe beobachten zu können. Mich scheinen sie nicht im Geringsten als Bedrohung zu erleben. Nähert sich jedoch ein Jäger, sind sie auf und davon, bevor ich etwas von ihm sehe oder auch nur höre. Vielleicht haben die Hirsche bessere Ohren oder werden von Krähen gewarnt oder spüren einfach, dass der Jäger kommt. Wenn ich mich nähere, bleiben sie ganz ruhig, wo sie sind. Ich bin keine Gefahr. Woher sie das wissen? Bei Tieren nennen wir es Überlebensinstinkt, es ist aber genau dasselbe wie die Intuition beim Menschen.

Bei einem Spaziergang im Park mit meiner Frau kam uns einmal ein Hund entgegen, der uns freundlich wedelnd begrüßte. Kurz darauf ging ein anderer Mann vorbei, und den knurrte der Hund an. Der Mann erzählte uns, Hunde seien ihm ein Gräuel. Wenn wir etwas hassen oder fürchten, senden wir Stoffe aus, die mit dem bloßen Auge nicht wahrnehmbar sind, die der Wissenschaftler mit seinen Instrumenten jedoch nachweisen kann und die von Tieren gewittert werden. So vieles in der Welt können wir nicht sehen, und doch gibt es Kommunikationsverbindungen. Nur wenn wir den Botschaften vertrauen, können sie uns nützen. Von Intuition sprechen wir, wenn etwas uns glaubwürdig erscheint, ohne dass wir es sehen können. Um wirklich in Sicherheit und innerem Gleichgewicht zu sein, müssen wir einen Sinn für unsere Intuition entwickeln und lernen, ihr zu vertrauen.

Intuition und Sicherheit

Bei »Sicherheit« denken wir meist zuerst an Sicherheitsgurte, Warnanlagen, Verkehrsregeln, Rauchmelder sowie starke Militär- und Polizeipräsenz. All das mag mit Sicherheit zu tun haben, gibt uns aber kein *Gefühl* von Sicherheit. Es gibt gar nicht genügend Riegel, Sicherungen, Selbstverteidigungskurse und Polizeikräfte, um uns ein Gefühl von Sicherheit zu geben oder reale Sicherheit jederzeit zu garantieren. Wie aber können wir das finden: Sicherheit und zugleich das *Gefühl* von Sicherheit?

Im Gefühl der Sicherheit sind wir ganz ruhig, fühlen uns geborgen. Und wenn wir uns gut aufgehoben fühlen, sind wir entspannt, eher wacher und bewusster als sonst. In diese Haltung kommen wir, wenn wir uns von der Angst lösen und vertrauen – auf etwas, das größer ist als unsere Angst. Ohne dieses Vertrauen bleiben die Angst und die mit ihr verbundenen Sorgen unsere ständigen Begleiter. Dieses »Größere« ist das, was wir unser wahres Ich nennen, unsere göttliche Verbindung mit allen anderen »Inseln«.

Mancher wird jetzt fragen: Wenn wir uns geistig entspannen, fehlt es dann nicht an Wachsamkeit, machen wir uns nicht angreifbar, setzen wir uns nicht unliebsamen Überraschungen aus? Nein, ganz im Gegenteil. Nur wenn wir innerlich ganz gelöst sind, können wir die wahre Stimme unserer Intuition hören, die uns in jedem Augenblick wissen lässt, was wir für unsere Sicherheit wissen müssen. Und Intuition beinhaltet Augenmaß: unterscheiden zu können, wann echte Gefahr droht und wann unsere Angstgedanken uns das nur einreden wollen.

Intuition ist absolut normal, keineswegs auf übersinnlich begabte Menschen, Frauen oder Schamanen beschränkt. Intuition hat viele Namen – Bauchgefühl, Instinkt, Ahnung, unerklärliches Wissen, plötzlicher Einfall, innere Stimme, Inspiration, Geistesblitz –, ist jedoch in allen Formen immer dasselbe: die Stimme unseres wahren Ich. Wer auf sie hört, ist in Sicherheit, ist glücklicher und klüger und der Fülle des Lebens teilhaftig. Die Intuition setzt unser volles Potenzial frei. Und das gilt nicht nur für den Einzelnen, sondern auch für die Allgemeinheit. Die Intuition eröffnet uns eine ganze Welt unbegrenzter Möglichkeiten.

Vertrauen

Je mehr ich meiner Intuition vertraue, desto bewusster, klarer und stetiger wird sie. Von einem bestimmten Punkt an habe ich meinem wahren Ich immer mehr die Führung überlassen und konnte dabei beobachten, dass ich mich immer weniger von den Projektionen meines Denkens abhängig mache und zunehmend den Eingebungen der spirituellen Intelligenz vertraue. Heute steht mein Verstand im Dienst der tieferen Intelligenz meines wahren Ich. Wenn ich diese Eingebung weder anzweifle noch übergehe, sondern sofort umsetze, fügen sich die Dinge für mich immer so, dass andere »Glück gehabt« sagen würden. Das kann bei ganz alltäglichen Dingen so sein: Ich finde etwas Verlorenes wieder; bei einer Anschaffung stoße ich auf ein besonders günstiges Angebot; einem Impuls folgend, rufe ich einen Freund an, und es stellt sich heraus, dass er mich zu erreichen versucht hat. Ähnliches gilt aber auch für größere Dinge wie Sicherheit, Überleben oder bedeutende Entscheidungen, etwa für die Vermeidung eines Unfalls, die Wahl einer Strecke, die eine Gefahr umgeht, Hilfe für einen Klienten oder die Begegnung mit Menschen, die sich dann als Lehrer erweisen oder Freunde werden.

Was die Intuition blockieren kann

Woran können wir erkennen, wenn wir etwas, das uns die Intuition sagen will, nicht gelten lassen? Hier sind die vier Haupthinweise:

- Ein allzu wachsamer, allzu reger Verstand,
- Zweifel an dem, was unser wahres Ich uns zu verstehen gibt,

- Überinterpretation des Gehörten,
- Handlungsweisen, die nicht der Intuition entsprechen.

Wir haben zu viele Sorgen und Ängste

Wenn wir zu sehr mit Sorgen und Ängsten beschäftigt sind, nehmen wir unsere Intuition zu wenig wahr, vertrauen und folgen ihr nicht. Gerade diese Haltung aber macht uns angreifbar. Die Gedanken nehmen uns so sehr in Anspruch, dass wir genau das überhören, was uns in Zeiten der Gefahr Schutz bieten könnte. Dann kleben wir an unseren Erwartungen und rechnen nicht mit etwas Überraschendem. Das Gesichtsfeld ist stark verengt, weil wir zwanghaft über Nebensächlichkeiten grübeln und keinen Blick für die Umgebung haben. Durch Angstgedanken blockieren wir sogar unsere bereits vorhandenen Kenntnisse (Beispiel Prüfungsangst) und natürlich alles, was wir nur vage als Intuition spüren.

Hier hilft ein ruhiges Gewahrsein, das uns in die Position des Beobachters bringt, in der wir ganz präsent und für die stets klugen Mitteilungen unseres wahren Ich empfänglich sind.

Wir zweifeln an dem, was unser wahres Ich uns zu verstehen gibt

Zweifel an den Eingebungen unseres wahren Ich enthalten uns all das vor, was wir uns im Leben wünschen und was uns auch zusteht: Glück, Geborgenheit, inneren Frieden und Selbstverwirklichung. Zweifel besagen, dass wir noch nicht wirklich erkannt haben, wer wir sind – göttliche Wesen in menschlicher Gestalt. Wenn eine Eingebung nicht zu unseren bestehenden Überzeugungen passt, trauen wir ihr nicht. Oder wir sind derart mit unseren eigenen Ideen identifiziert, dass wir neue Gedanken gar nicht erst zulassen, sondern starr an unserem Weltbild und unserer Sicht der Dinge und anderer Menschen festhalten.

Wir lesen zu viel in unsere Intuitionen hinein

Wenn wir aber das Glück haben, die Stimme unserer Intuition tatsächlich zu hören, machen wir – und da schließe ich mich gar nicht aus – gern den Fehler, die Mitteilungen im Sinne unserer bestehenden Überzeugungen aufzufassen und voreilige Schlüsse zu ziehen. Unsere Überzeugungen umfassen ja nichts als die Schlüsse, die wir in der Vergangenheit über uns selbst, über andere und über das Leben im Allgemeinen gezogen haben. Wenn wir unsere Intuitionen durch den Filter unserer Überzeugungen hindurch auslegen, ist das so, als würden wir nur Gesichtspunkte gelten lassen, die mit unseren eigenen übereinstimmen. Damit bekräftigen wir aber nur unsere bestehenden Überzeugungen, und neue Gedanken finden keinen Zugang. Am besten, Sie geben Ihren Intuitionen einfach Raum, ohne allzu viel über sie nachzudenken.

Wir handeln nicht unseren Intuitionen entsprechend

Die bisher genannten Blockierungen führen dazu, dass wir untätig bleiben. Wenn Sie nun aber die Stimme Ihrer Intuition hören und nicht viel analysieren und deuten und zweifeln, kann es, aus welchen Gründen auch immer, trotzdem sein, dass Sie nicht danach handeln. In diesem Fall haben Sie nichts von den Einsichten, die Ihnen zuteil werden. Wenn Sie tatenlos bleiben, heißt das, dass Sie weiterhin dem beschränkten Glaubenssystem Ihres Ego anhängen wollen, statt Ihr Leben nach der grenzenlosen Weisheit Ihres wahren Ich auszurichten. Das kommt einer tiefen Selbstverweigerung gleich, so als hätten Sie ein Hochschulstudium abgeschlossen und würden aus dem ganzen Wissen, das Sie sich dabei angeeignet haben, nun nichts machen.

Die Anwendung vorhandener Kenntnisse bedarf ja keiner geistigen Klimmzüge – wie kann es also sein, dass jemand sich für Untätigkeit entscheidet? Weil das Aktivwerden den Status quo des Ego gefährdet. Wir scheuen das Vertrauen zu unserem wahren Ich, weil wir vollkommen mit unserem Ego identifiziert sind. Und dieses Ego geht keinen Zentimeter von dem ab, was es schon weiß. Das ist sozusagen eine gesellschaftliche Angewohnheit. Alles in allem hat die Menschheit in dieser Hinsicht noch keinen echten Fortschritt erzielt.

Die Erfahrung unseres wahren Ich ist das einzig wirklich Wichtige. Da stellt sich die Frage: Wie erfahren wir, ob wir uns von unserer Ego-Perspektive her sabotieren beziehungsweise uns von Anschauungen unseres Ego einwickeln lassen, die sich als Intuition ausgeben? Wie unterschieden wir zwischen der Stimme des wahren Ich und der des kleinen Ego?

Wie Intuition von Projektion zu unterscheiden ist

Intuition ist reine Information, in der persönliche Überzeugungen keinerlei Rolle spielen. Wenn wir aber in Ängsten und aus dem Gleichgewicht sind, hören wir ihre Stimme, die ja sehr unaufdringlich ist, entweder gar nicht oder zweifeln an dem, was sie uns sagen will. Manchmal ist unsere Intuition jedoch auch so stark, dass wir ihrer ganz sicher sind. Dann *wissen* wir, dass wir die Stimme unseres wahren Ich hören, und vertrauen ihr. Leider geht in vielen Fällen unsere Angst dazwischen und löst ein intellektuelles Nachdenken über das Gehörte aus, sodass es von den Auslegungen unseres Ego überlagert wird. Wie können wir dieser untergrabenden Wirkung der Angst entgehen? Wenn wir etwas als Intuition wahrnehmen, wie können wir unterscheiden, ob sie echt oder eingebildet ist? Sprechen wir also über die Kunst der Unterscheidung.

Die Intuition spricht immer zu uns, in welcher Geistesverfassung wir auch gerade sein mögen – aufgebracht, verängstigt oder wütend. Um diese Stimme jedoch zu hören und nicht falsch zu deuten, müssen wir einen klaren Kopf bewahren und still sein können, besonders in Zeiten der Bedrängnis. Können wir in einer Krisensituation trotzdem für einen Augenblick Ruhe finden, wird die Stimme der Weisheit deutlich zu hören sein. Alle im medizinischen Rettungs- und Notdienst Tätigen, die immer wieder vor Situationen gestellt sind, in denen es um Leben und Tod geht, wissen, wie entscheidend es ist, Ruhe zu bewahren, um klar denken und zweckdienlich handeln zu können. Wenn sie sich von Angstreaktionen überwältigen lassen, sind sie nicht mehr in der Lage, klar zu denken, und fügen den Menschen, denen sie helfen wollen, womöglich schweren Schaden zu.

Kaum jemand scheint zu wissen, dass wir die innere Ruhe einfach herbeizitieren können – sie stellt sich sofort ein, wie verheerend die Lage auch aussehen mag. Wir können und müssen dieses ruhige Gemüt in uns aufrufen, denn nur in der Ruhe können wir die vielen Stimmen in unserem Kopf auseinanderhalten und bestimmen, welche die Stimme der Angst ist und welche der Klugheit und Urteilskraft entspringen.

Was ist Urteilsvermögen?

Zum Abschluss dieses Kapitels möchte ich Ihnen noch einige Anhaltspunkte geben, nach denen Sie unterscheiden können, ob innere Anstöße, die wir bekommen, echte Intuition oder verkappte Ego-Projektionen sind. Mit *Urteilsvermögen* oder

144

Unterscheidungsvermögen meine ich dabei die Fähigkeit, die Qualität unseres Denkens zu bestimmen. Um auf diese Höhe des Bewusstseins zu kommen, müssen wir in der Haltung des Beobachters sein, von der im fünften Kapitel die Rede war. Denn in der Beobachterhaltung agieren wir von unserem wahren Ich aus.

Gestern habe ich mit meiner Schwester gesprochen, deren Mann an einer tödlichen Krankheit leidet. Die fünf Jahre, die die Ärzte ihm nach der Diagnose noch gegeben hatten, sind inzwischen verstrichen. Jetzt lautet die Prognose: höchstens noch zwei Jahre. Meine Schwester hat es bisher nicht gewagt, an diese Möglichkeit auch nur zu denken. Sie weiß natürlich, dass Ärzte sich irren können, aber der Gedanke, ihren Mann zu verlieren, war zu schrecklich, als dass sie ihm hätte ins Auge blicken können. Als ich sie gestern anrief, hatte sie sich gerade zum allerersten Mal Zeit genommen, in Ruhe über die ganze Sache nachzudenken. Ihr Mann ist mit ihrem Sohn zu einem mehrtägigen Angelausflug unterwegs, und sie ist jetzt zum ersten Mal seit Langem allein. Statt nun aber diese unverplante Zeit mit irgendetwas Beliebigem anzufüllen, hat sie sich vorgenommen, sich einmal vorzustellen, wie das Leben ohne ihren Mann wäre, was sie tun würde und wie sie sich die restliche Zeit ihres Zusammenseins wünscht, sei sie kürzer oder länger als erwartet.

Schon nach ein paar Stunden kam ihr eine tiefe Erkenntnis. Sie und ihr Mann waren immer »in Aktion« gewesen, rastlos von einem Vorhaben zum nächsten unterwegs. Kaum je hatten sie sich Zeit genommen, in aller Gemächlichkeit zusammen zu sein und die Gesellschaft des anderen zu genießen. In dieser Betrachtung und plötzlichen Klarheit stand meiner Schwester glasklar vor Augen, dass sie ihr Leben ändern würden. Es würde ein langsameres Leben sein, in dem sie alles wirklich erlebten, statt es nur an sich vorbeirauschen zu lassen.

Für sie war das eine überwältigende Erkenntnis, und es standen Veränderungen an, die ihr noch nie in den Sinn gekommen waren. In solchen Gedanken ging sie in ihrem Haus von Zimmer zu Zimmer, erlebte alles ganz intensiv und spürte der Frage nach, was sich wie ändern sollte. Sie ging nach oben in ihr Arbeitszimmer und kramte eine Weile herum und wusste dann einfach: Das ist es jetzt überhaupt nicht. Vielleicht später, aber für den Augenblick gab es Wichtigeres. So blätterten sich die Einsichten vor ihr auf, die Angst ließ nach, und sie konnte endlich nach innen auf den Quell ihrer eigenen Wahrheit lauschen. Dann wusste sie auch, dass ihre Entscheidung ganz unabhängig von der Krankheit ihres Mannes war – die hatte ihr lediglich einen Anlass zum Nachdenken gegeben.

So viele Menschen nehmen sich nie die Zeit, einmal herauszufinden, was in ihnen vorgeht und schon immer versucht, sie zu einem besseren Leben zu führen. Hier ein paar Fragen, die jeder sich stellen kann, der lernen möchte, klarer zu unterscheiden und zu urteilen:

- Hat mein Gefühl etwas Ruhiges und Gelassenes an sich, oder wirkt es irgendwie aufgeregt und ungeduldig?
- Ziehe ich sofort und automatisch Schlüsse oder höre ich wirklich gut hin und lasse mir Zeit?
- Sind meine Gedanken wirr, starr und reflexhaft oder schlicht, klar und im Fluss?
- Möchte ich etwas Bestimmtes hören oder bin ich offen für die vernünftigste Antwort, auch wenn sie vielleicht nicht meinen bisherigen Gedanken, meinen Erwartungen und Hoffnungen entspricht?
- Fürchte ich die Wahrheit so sehr, dass ich mir gar nicht erst Zeit für unvoreingenommene Betrachtung nehme, oder stelle ich mich mutig allem, was das Leben bringen mag?

Betrachten wir nun der Reihe nach, worauf diese Fragen zielen.

Hat mein Gefühl etwas Ruhiges und Gelassenes?

Unsere Gefühlsregungen stellen, wie wir im vierten Kapitel erörtert haben, eine Art Leitsystem dar, das uns stets anzeigt, ob wir gerade von unserem Ego oder von unserem wahren Ich aus agieren. Wenn wir uns nach der Art unserer Gefühle fragen, wenden wir dieses Prinzip direkt an. Auf meinem eigenen Entdeckungspfad in diesen Gefilden habe ich mir des Öfteren allzu begierig eingebildet, meine Begeisterung über neue Erkenntnisse bedeute, dass ich meinem wahren Ich auf der Spur sei. Später musste ich mir dann manchmal kleinlaut eingestehen, dass ich doch wieder nur meinem Ego auf den Leim gegangen war. Hohe Wogen der Begeisterung sind mir mit der Zeit suspekt geworden; zu gern versteckt sich hier das Ego. Wenn es darum geht, dass man sich durchgesetzt hat oder gut dasteht, ist immer das Ego Auslöser für die Hochstimmung, und man kann sicher sein, dass einem keine Eingebung der göttlichen Intelligenz zuteil geworden ist.

Ich begriff erst allmählich, dass Intuition mit gelassener Sicherheit daherkommt und in dieser Gemessenheit, die keinen Adrenalinstoß braucht, vertrauenswürdig ist. Wenn sich heute eine Einsicht als zutreffend erweist, bin ich nicht mehr so wild darauf, mich damit zu profilieren – gut dazustehen ist mir nicht mehr so wichtig. Ich spüre es, wenn eine Intuition irgendwie nicht ganz »meine« ist, obwohl sie von meinem wahren Ich stammt. Von einer echten Intuition bin ich vielleicht zutiefst ergriffen, aber nicht mehr so, dass ich aus dem Häuschen gerate. Die Begeisterung trägt mich einfach weiter.

Ziehe ich sofort und automatisch Schlüsse?

Bei manchen Eingebungen wissen wir sofort, wie sie umgesetzt werden müssen. Wenn wir aber nicht so sicher sind, ist es klüger, erst einmal einen Augenblick zu überlegen. Das kann blitzartig geschehen, wenn – etwa im Sport oder bei einer plötzlichen Krise – schnelles Handeln verlangt ist. Geht es dagegen um so etwas wie unsere schriftliche Betrachtung, können wir uns Zeit nehmen. Wichtig ist immer nur, dass wir auf unser wahres Ich lauschen und das, was wir hören, vertrauensvoll annehmen. Wenn wir nur reflexartig reagieren, ohne unsere Intuition sprechen zu lassen, müssen wir unsere Entscheidungen später oft nachbessern oder mit den Folgen leben.

Ein Beispiel: Meine Schwägerin hat vor einiger Zeit ihren Job verloren und rief an, um zu fragen, ob sie meine Frau und mich für eine Woche in unserem Ferienhaus besuchen könne. Ich sagte sofort: »Aber ja, wir würden uns freuen, dich hier zu haben.« Es kam mir wie selbstverständlich von den Lippen, doch schon während ich es sagte, empfand ich ein leises Unbehagen. Ich mag meine Schwägerin und fühlte mit ihr wegen ihrer drohenden Arbeitslosigkeit, aber irgendwie passte der Zeitpunkt nicht so recht. Bei näherem Nachdenken musste ich einsehen, dass es ziemlich schwierig werden würde, in der betreffenden Woche noch einen Gast bei uns unterzubringen. Es hatte sich nämlich bereits eine Freundin angesagt – und die zeigte sich auch wenig begeistert, dass noch jemand kommen sollte.

Nun, der Plan meiner Schwägerin scheiterte schließlich, weil sie die Einreisepapiere für Kanada nicht rechtzeitig bekam und der Ernstfall folglich nicht eintrat. Trotzdem musste ich mir eingestehen, dass sich meine alte Bereitschaft, allzu entgegenkommend zu sein, reflexartig wieder eingestellt hatte, sodass mir keine Zeit blieb, die Angemessenheit meiner Einladung auch nur zu bedenken. Mein intuitives Gefühl zu der Frage enthielt jedoch die ganze Wahrheit über die Situation und das, was für alle Beteiligten das Beste war. Als ich meiner Frau von meinem Gefühl erzählte, stimmte sie sofort zu und war erleichtert. Natürlich hatte die Entscheidung nichts damit zu tun, dass wir ihre Schwester nicht gern gesehen hätten. Es ging einfach um Angemessenheit und Timing.

Sind meine Gedanken wirr, starr und reflexhaft?

Wenn wir uns die Beschaffenheit unserer Gedanken bewusst machen, können wir in jedem Augenblick spüren, woher sie kommen – von unserem wahren Ich oder aus den Denkstrukturen des Ego. Gedanken des wahren Ich sind gehaltvoll, kreativ, inspiriert und klar. Sie scheinen in gleichmäßigem Strom zu fließen wie ein Fluss. Ego-Gedanken dagegen wirken angestrengt, bemüht, konfus und starr, sie sind immer auf etwas aus oder wollen bestehende Überzeugungen bestätigen.

In dem erzählten Beispiel kam meine Einladung an meine Schwägerin praktisch automatisch. Sie war so froh und erzählte begeistert, wie sehr sie sich darauf freute, uns zu sehen. Zeigt das nicht, dass meine Reaktion richtig war? Trotzdem, irgendetwas fühlte sich nicht richtig gut an. Es roch zunehmend nach Verpflichtung, kompliziert und belastend.

Ich blickte nicht durch. Also überlegte ich: »Bin ich höflich, bin ich mitfühlend, bin ich echt? Wie fühlt sich die Zeitwahl an?« Ich behielt diese Fragen einfach so im Hinterkopf und bemühte mich nicht, eine Antwort herbeizuführen. Natürlich kam sie ausgerechnet mitten in einem Kurs, den ich abhielt. Sie flog mir ganz einfach zu: Meine Schwägerin wollte in drei Wochen kommen, für die Einreiseerlaubnis aber würde sie sechs Wochen Vorlauf brauchen. Das war der erste Gedanke. Und gleich anschließend dachte ich: »Selbst wenn es nicht an der Einreisegenehmigung scheitern würde, müssten wir sie nicht einladen. Sie würde Verständnis dafür haben, und wir hätten dann diese kostbare Zeit, in der wir uns ganz unserem anderen Besuch widmen könnten.« Ich erkannte meine erste »spontane« Reaktion als schlichte Verhaltensgewohnheit, nämlich immer entgegenkommend zu sein, selbst wenn die Zeitwahl schlecht ist, selbst wenn es für andere und mich selbst mit Unannehmlichkeiten verbunden ist. An diesem Beispiel aus meinem Alltag ist zu erkennen, von welch praktischer Bedeutung der klare Blick der Intuition sein kann.

Möchte ich etwas Bestimmtes hören?

Wenn es uns darum geht, uns durchzusetzen, die Dinge unter Kontrolle zu haben oder die Oberhand zu behalten, sind wir nicht mehr fähig, die Dinge so zu sehen, wie sie in unserem besten Interesse sind. Das Ego macht uns blind für den Weg des geringsten Widerstands, der meist der richtige ist. Wir halten es dann für wichtig, alles so zu machen, wie wir es immer machen oder wie es unseren Überzeugungen entspricht oder von uns erwartet wird. Das Ego möchte immer gewinnen, recht haben, gut dastehen und das bekommen, was es für angemessen, fair und rechtens hält. Es kann aber sein, dass nichts davon wirklich gut für uns selbst oder weitere Beteiligte ist. Und da liegt die Stärke der Intuition: Sie weiß um alle bekannten und unbekannten Variablen. Dieses Wissen aber kann uns nur ein gut entwickeltes Urteilsvermögen erschließen.

Auf diesem Weg geraten auch Politiker oft in die Klemme. Statt zuzugeben, dass eine frühere Entscheidung oder Strategie falsch war, verteidigen sie sie weit über das vernünftige Maß hinaus, um nur ja nicht als Schwätzer, Umfaller oder Schwächling dazustehen. Wenn man aber einen falschen Weg weitergeht, damit bloß das Ego ungeschoren bleibt, wird der Schaden nur immer größer, und das Ego bekommt schließlich doch sein Fett ab. Wo der Mut fehlt, einen Fehler einzugestehen, verliert man die Achtung der Menschen. Einzulenken verlangt oft mehr Courage und Würde als stures und hochnäsiges Festhalten an Fehlentscheidungen. Wir *spüren*, ob wir bestimmte Interessen haben oder nicht. Auf bestimmte Ergebnisse oder Antworten aus zu sein, das fühlt sich nicht gut an, es hat etwas Festgelegtes, Selbstgerechtes, Kontrollierendes, es zeugt von Angst und Verunsicherung. In dieser Haltung können wir die Stimme der Intuition nicht hören – ein weiterer deutlicher Hinweis darauf, dass wir unbedingt mehr auf unsere Gefühle achten, uns Zeit für stille Betrachtung nehmen und auf die Stimme unseres wahren Ich lauschen sollten.

Fürchte ich die Wahrheit?

Manchmal hören wir an der beharrlich sprechenden Stimme unserer Intuition vorbei, weil wir fürchten, dass sie etwas sagen könnte, was wir nicht hören wollen. Das gilt vor allem dann, wenn unser Ego sein Sicherheitsgefühl stark an die Wahrung seiner gegenwärtigen Überzeugungen bindet und daher notwendige Veränderungen scheut, seien sie auch zum Besseren.

Vor etlichen Jahren fiel mir auf, dass meine Intuition immer wieder etwas an meinem Berufsleben auszusetzen fand. Ich hatte dreißig Jahre als klinischer Psychologe gearbeitet und erwirtschaftete in meiner Privatpraxis ein durchaus präsentables Einkommen. Ich half Menschen, ich verstand mein Handwerk, und daran war meine Identität (mein Ego) gekoppelt.

Die Stimme der Intuition äußerte sich für mich zunächst als vage Unzufriedenheit mit einigen Details meiner Arbeit – der ganze Papierkram, Klienten, die nicht mitzogen, und ein zunehmend beengende Gefühl, immer für sie zur Verfügung stehen zu müssen. Doch etwas aufzugeben, wofür ich eine langjährige Ausbildung absolviert hatte, das kam überhaupt nicht infrage. Das vage Gefühl wuchs sich nach und nach zu beträchtlichem Unbehagen aus. Statt aber gezielt darüber nachzudenken, ließ ich das Gefühl zwei Jahre lang auf sich beruhen. In dieser Zeit fing ich an, Seminare abzuhalten und zu schreiben, also andere in meine Arbeit einzuführen. Das waren Tätigkeiten, bei denen ich echte Freude empfand. Mein Ego aber konnte sich immer noch nicht vorstellen, die Identität des praktizierenden Psychologen und damit meine Haupteinkommensquelle und das vertraute Berufsumfeld für etwas aufzugeben, dessen Chancen und Risiken es nicht abzuschätzen vermochte.

Als ich mich zwei Jahre lang nicht mit den Aussagen meiner inneren Stimme zu diesem Thema befasst hatte, kam ich eines Tages zu dem Schluss, dass ich mich in unsere Hütte zurückziehen und gründlich über die ganze Sache nachdenken musste. Und da wurde mir mit einem Schlag klar, was mein Herz eigentlich wollte: die Praxis aufgeben und den Sprung in ein Leben wagen, in dem ich nur noch unterrichten und schreiben würde. Eine schwere Last fiel von mir ab, und ich konnte gar nicht schnell genug nach Hause kommen, um nach dreißig Jahren meine Praxis zu schließen und eine neue Laufbahn einzuschlagen.

Gleich im folgenden Monat wurde mir von einem großen Krankenhausträger ein Lehr- und Ausbildungsvertrag mit fünfjähriger Laufzeit angeboten. Zwei Wochen danach rief mich meine Literaturagentin an und teilte mit, mein Buch sei in Japan ein Bestseller geworden; sie nannte mir die Höhe meiner Tantiemen, und diese Summe allein übertraf das Jahreseinkommen, das ich in meiner Praxis bislang erwirtschaftet hatte. Seit ich auf die Stimme meiner Intuition hörte und die anstehenden Veränderungen mutig und begeistert in Angriff nahm, schien alles im Fluss zu sein. Ich habe meine Entscheidung nie bereut; vielmehr hat sie mich darin bestärkt, der vagen, aber nie verstummenden Stimme der Intuition zu vertrauen.

Auch Ihr Blick wird sich klären, wenn Sie den hier besprochenen Fragen nachgehen. Sie werden zwischen Ego-Gedanken und echten Intuitionen zu unterscheiden lernen, und dann steht einem von Ihrem wahren Ich geleiteten harmonischen Leben nichts mehr im Wege.

Im nächsten Kapitel werden wir uns ansehen, wie man von der Angsthaltung anderer unbeeinflusst und in seinem wahren Ich verwurzelt bleiben kann, um von dort aus mitfühlend agieren zu können.

》 MERKHILFEN

- Intuition ist die klare, fließende, ruhige Stimme des wahren Ich.
- Intuition ist wie ein Radargerät, das alles sieht, was den übrigen Sinnen verborgen bleibt.
- Ruhige, klare Präsenz im Augenblick ist der Zugang zur Intuition.
- Je mehr wir unserer Intuition vertrauen, desto deutlicher spricht sie zu uns.
- Angst hält die Intuition fern. Stille Betrachtung lässt sie zu.

8 Die Ängste anderer: Wie man sich vor Ansteckung schützt

Über lange Strecken meines Lebens habe ich mich wie ein seelisches Chamäleon gefühlt, weil ich ständig die Gemütsfärbung anderer Leute annahm. Von deren Realitätswahrnehmung konnte ich mich offenbar nicht abgrenzen. Im Allgemeinen sehen wir Mitgefühl und Einfühlungsvermögen als erstrebenswert, bei mir aber ging es eindeutig zu weit.

Als achtzehnjähriger Praktikant auf einer psychiatrischen Station nahm ich stets alle Probleme meiner Patienten mit nach Hause und brütete darüber. In meiner späteren psychologischen Praxis saß ich dann den ganzen Tag mit Leuten zusammen, deren Leben voller Angst, Wut, Depression, Verfolgungswahn und aller nur erdenklichen geistigen und seelischen Ausnahmezustände war. Es dauerte nicht lange, bis sich Stress bemerkbar machte, und im Laufe der Zeit wurde er zu einer zermürbenden Belastung.

Ich war, was ich damals noch nicht verstand, in den Denkstrukturen meines Ego gefangen. Als Lösung fiel mir nichts Besseres ein, als meine Sensibilität so weit zurückzufahren, dass ich die Probleme meiner Klienten eher intellektuell und unter klinischen Gesichtspunkten betrachten konnte. Durch innere Distanz versuchte ich mich vor den Emotionen meiner Klienten zu schützen. So hatte man es mir in der Supervision empfohlen. Ich bildete mir ein, in dieser distanzierten Haltung ein noch besserer Ratgeber zu sein. In Wirklichkeit büßte ich einiges von meinen Beraterqualitäten ein. Gewiss, ich fühlte mich nicht mehr so schutzlos, verlor aber auch einen Teil meiner Fürsorglichkeit und meines Mitgefühls – eben das also, was mich überhaupt diesen Weg hatte beschreiten lassen und was für den Heilerfolg ja auch ganz entscheidend ist. Die Distanz, die ich in der therapeutischen Beziehung suchte, schlich sich leider auch in mein übriges Leben ein. Da war ich auf einmal nicht mehr der umgängliche Typ, der immer ein offenes Ohr hatte. Ohne es zu wollen opferte ich der Sicherheit der Distanz meine ureigene Gabe des tiefen und mitfühlenden Zuhörens.

Erst Jahre später entdeckte ich die wissenschaftlichen und spirituellen Prinzipien, nach denen wir unsere Wirklichkeit selbst erschaffen. Und erst als ich den gewaltigen Einfluss des Denkens auf meine Wirklichkeit begriffen hatte, konnte ich eine Immunität gegen die Gefühlslage anderer aufbauen, ohne dafür auf mein natürliches Mitgefühl verzichten zu müssen. Ich sah, dass alles in meinem Leben einschließlich meiner Gefühle von *innen* und nicht von außen kam, und erst von da an konnte ich wieder rückhaltlos für andere da sein. Solange ich in der friedlichen Geborgenheit meines wahren Ich bleiben konnte, war es mir möglich, psychisch leidenden Menschen mitfühlend zu begegnen. Der Stress des Psychotherapeutendaseins und das Gefühl, ausgebrannt zu sein, lagen hinter mir. Wenn ich jetzt mit leidenden Menschen zusammen war, übernahm ich ihre Gefühle nicht mehr. Jetzt möchte ich Ihnen erzählen, wie der Schutz aussieht, den ich mir aufgebaut habe.

Wir kommen immer wieder mit Menschen zusammen, die sich ständig Sorgen machen, seien es überfürsorgliche Eltern, sei es der Fluggast neben uns, der entsetzliche Flugangst hat; und in der Zeitung lesen wir auch manches Beängstigende. Wie können wir uns nun so gegen die Ängste anderer abschirmen, dass wir ihre Lebenswirklichkeit nicht auf uns übertragen? Allgemeiner gefragt: Wie können wir uns vor all dem Negativen in der Welt schützen? In dieser Welt scheinen ja die meisten

Menschen in Angst und Schrecken vor der nächsten Epidemie, dem nächsten Orkan, dem nächsten Terroranschlag oder dem gerade aktuellen Problem in ihrem Leben zu existieren. Können wir wirklich in der Geborgenheit, dem Frieden, der Weisheit unseres wahren Ich bleiben, wenn so viele in Ängsten leben und bei all den Anforderungen, die diese Zeit zu stellen scheint, nicht mehr aus noch ein wissen?

In diesem Kapitel geht es darum, wie man in einer Welt voller Ängste und Nöte unbeschadet leben kann: *in der Welt, aber nicht von der Welt,* wie ich es bereits im dritten Kapitel dargestellt habe. Dann werden Sie erkennen, dass der Freude des Mitfühlens, der Fürsorglichkeit, des inspirierten Handelns und des Verzeihens nichts im Wege steht. Und Sie werden auch verstehen, was die Worte Jesu am Kreuz bedeuten: »Vater, vergib ihnen, denn sie wissen nicht, was sie tun.« Verständnisvolles Mitgefühl ist Liebe im Angesicht des Leidens.

Echtes Mitgefühl schützt zuverlässig vor Angst. Man kann es weder erlernen noch trainieren. Aber mit dem Verständnis, dass wir alles in unserem Leben selbst erschaffen, stellt sich auch das Mitgefühl ein. Es ist gleichsam ein Nebeneffekt des Umstands, dass wir in unserem wahren Ich leben. In unserer Verbundenheit mit dem, was wir wirklich sind, erkennen wir uns als einen Teil des Ganzen. Wir sehen, dass wir unschuldig sind, dass wir unter der Tyrannei des Ego gelebt haben und nicht wussten, wie sehr es uns schadet und unser Leben behindert. Und wenn wir erkennen, wie sehr wir an unseren Denkgewohnheiten gehangen haben, ja völlig mit ihnen identifiziert waren, wird uns klar, dass alle Menschen in diesem Boot sitzen. Wir verstehen jetzt besser, wie es sein kann, dass Menschen in ihrer ganzen Unwissenheit Grausamkeiten begehen. Nicht dass wir all das künftig einfach hinnehmen würden; aber wir urteilen nicht mehr über andere, und das befreit uns von Angst und Zorn und inspiriert uns zu angemessenem

Handeln. Unschuld bei uns selbst und anderen bedeutet ja nicht, dass wir nicht für unser Handeln einzustehen haben oder dass ein Handeln aus Unwissenheit einfach hingenommen werden muss.

Wenn es darum geht, sich gegen die Ängste anderer abzuschirmen, sind nach meiner Erfahrung die folgenden sechs Punkte besonders wichtig:

1. Im wahren Ich verwurzelt bleiben.
2. Die Dinge nicht persönlich nehmen.
3. Die Unschuld anderer Menschen erkennen.
4. Mitfühlend die jeweils besonderen Umstände berücksichtigen.
5. Unerfreuliches abschütteln.
6. Rechtes Handeln.

Im wahren Ich verwurzelt bleiben

Ein sicherer Stand in unserem wahren Ich lässt uns präsent und bewusst bleiben. Diese Verwurzelung bedeutet, dass wir tatsächlich von unserem wahren Ich her leben und das nicht bloß als wünschenswert sehen. Wir sind »deckungsgleich« mit unserem ganzen Sein. Wir verkörpern die Wahrheit, die wir *sind*. Wir stehen sicher wie ein tief im Erdboden verwurzelter Baum und halten so auch den widrigsten Winden stand. Wir lassen uns nicht in die »Realität« anderer verwickeln und ersparen uns dadurch deren Befürchtungen und Ängste. Die vielleicht in unseren eigenen Denkstrukturen vorhandenen Entsprechungen für die Gedanken anderer werden gar nicht erst aktiviert, und es gibt keinen Anlass, in deren Lamento einzustimmen. Stattdessen haben wir freie Hand, zum tieferen Bewusstsein des anderen Kontakt aufzunehmen, und diesem tieferen Bewusstsein ist es immer möglich, sich über die Situation zu erheben und Lösungen zu erkennen.

Wenn ein Kind in der Dunkelheit Angst bekommt, haben die Eltern den natürlichen Impuls, es zu beruhigen und zu trösten, es liebevoll in den Arm zu nehmen und ganz ruhig zu bleiben, auch wenn das Kind sehr verstört ist. Die meisten Eltern lassen die irrationalen Ängste ihres Kindes nicht auf sich übergehen. Und wenn sie beharrlich bei ihrem ruhigen Zuspruch bleiben, wird das Kind seine Angst mit der Zeit verlieren.

Ähnliches gilt auch für das Erwachsenenleben. Ich habe etliche Jahre mit Kliniken zusammengearbeitet und dem Personal vermittelt, wie man ganz ruhig mit Patienten umgehen kann, die extreme emotionale Zustände durchleben oder sich in einer lebensbedrohenden Situation befinden. Ich habe mit diesen Leuten trainiert, wie man ganz bei dem überforderten Menschen sein kann, indem man ihm sehr gut zuhört, Mitgefühl empfindet und dann tut, was zu tun ist – operieren, Medikamente verabreichen und so weiter. Hier zeigte sich mit der Zeit beim Personal ein geringeres Stressniveau und weniger Neigung zum gefürchteten Burnout und auf der anderen Seite eine deutlich verbesserte Patientenzufriedenheit.

Kein Zweifel, dass diese Kliniken immer schon eine gute Versorgung hatten bieten wollen, aber unter extremem Stress ist es leider normal, dass Ärzte und Pflegepersonal auch einmal die Nerven – das heißt die Verwurzelung im wahren Ich – verlieren. Wenn dann nichts Entlastendes geschieht, kann es vorkommen, dass Patienten mehr oder weniger ignoriert werden, dass das Personal sich abgebrüht zeigt, nicht mehr zuhört und kaum noch Mitgefühl empfindet. So habe ich es in einer Klinik erlebt, wo das Personal schließlich sogar die Gefühlszustände der Patienten persönlich zu nehmen begann und entsprechend über sie urteilte: Diese Leute besaßen keine Immunität mehr gegen die negativen Gefühlszustände anderer. Sie litten an dem, was man in medizinischen Kreisen heute gern *Compassion Fatigue* nennt, eine Art Ausbrennen durch ständigen Umgang mit traumatisierten Menschen. Sobald sie jedoch verstanden haben, dass sie und alle anderen Menschen ihre Lebenserfahrung durch die Art ihres Denkens selbst herstellen, bekommen sie wieder das Gefühl, die Dinge selbst steuern zu können, und dann können sie erneut die mitfühlenden und fürsorglichen Menschen sein, die sie ursprünglich waren.

Die Mitarbeiter dieses Krankenhauses bauten darüber hinaus eine Immunität gegen negative Tendenzen bei anderen Mitgliedern der Belegschaft auf. So fanden sie zum Beispiel heraus, wie man sich nicht in den Klatsch und Tratsch anderer hineinziehen lässt. Solange sie in ihrem wahren Ich verankert blieben, konnten sie ihren Kollegen aufgeschlossen zuhören, wussten aber auch, wann es Zeit war zu gehen, um nicht in abschätziges Gerede oder die Angstprojektionen anderer verwickelt zu werden. Eine ganz neue Kultur des menschlichen Umgangs breitete sich aus – von Stress, Unmut und unterschwelliger Verärgerung hin zu gelassenem und mitfühlendem Interesse.

Genau so können auch wir Menschen in Ängsten und anderen extremen Zuständen nahe sein, ohne uns ihren »geistigen Schnupfen« einzufangen. Wenn wir in unserem wahren Ich geborgen bleiben, können wir Menschen in schwierigen Situationen beistehen und mitfühlend zuhören, ohne unsere innere Stabilität dadurch aufs Spiel zu setzen.

Die Dinge nicht persönlich nehmen

Kürzlich stand ich an einer Ampel und wartete. Der ältere Herr vor mir war mit irgendetwas beschäftigt und merkte nicht, dass die Ampel auf Grün geschaltet hatte. Ich wartete etwa zehn Sekunden ab und hupte dann, um ihn darauf aufmerksam zu machen. Was jetzt folgte, ließ keinen Zweifel daran, dass er mein Hupen als persönliche Kritik und Beleidigung auffasste. Er fuhr nicht los, sondern starrte mich böse an. Als ich vorbeifahren wollte (um möglichst schnell von ihm wegzukommen), versperrte er mir den Weg. Meine Frau sprach ihn vom Beifahrersitz aus an, als er an der nächsten Ampel wieder neben uns stand, und versuchte begütigend zu erklären, dass mein Hupen nicht bös gemeint war. Er ließ sich nicht von seiner Empörung abbringen.

Ich dachte: »So ein Blödmann!« Aber bevor ich wieder anfuhr, blickte ich ihm ins Gesicht und sah, in welchen Nöten er war – und da flog ihm mein Herz zu. Nein, seine Reaktion hatte überhaupt nichts Persönliches. Er war böse auf die ganze Welt, zumindest an diesem Tag. Wer konnte wissen, was in seinem Kopf oder in seiner Welt vorging? Es spielte auch keine Rolle. Wichtig war nur, wie ich auf ihn reagierte. Und da hatte ich die Wahl: Nehme ich sein Verhalten persönlich und lasse mir den Tag verderben, oder sehe ich es einfach als das, was Menschen tun, wenn sie in der Gedankenwelt ihres Ego gefangen sind? In dieser Lage projizieren wir nämlich all das auf andere, was wir selbst an Angst und Verunsicherung mit uns herumtragen.

Hätte ich nicht gewusst, was ich inzwischen längst weiß, wahrscheinlich hätte ich so blind reagiert wie in früheren Zeiten und mir nicht nur den Tag verdorben, sondern mich auch noch mehr in die (falsche) Auffassung verstiegen, dass Menschen »nun mal« so sind. Es gibt so viele unglückliche

Menschen in der Welt, und wenn wir alles, was sie so tun, persönlich nehmen, sind wir bald einer von ihnen. Was ist Ihnen lieber?

Wir nehmen die Dinge persönlich, solange wir nicht begriffen haben, dass sich jeder Mensch aus unbewussten Schlussfolgerungen und nicht in böser Absicht sein ganz eigenes Weltbild zimmert. Wir gehen aber gern davon aus, dass die Leute wissen, was sie tun, und dann bezeichnen wir sie als »blöd«, »verrückt«, »faul«, »böse« oder was uns gerade einfällt. Diese Bezeichnungen entspringen aber *unserer eigenen* Ignoranz! Leider vergessen wir das in der Hitze des Augenblicks allzu leicht – wie ich an diesem Tag an der Ampel. Wenn wir in solchen Situationen einen Augenblick innehalten, um uns zu sagen, dass wir unsere Wirklichkeit gerade selbst erschaffen, weil wir die Aktionen eines anderen persönlich nehmen – wenn uns das gelingt, sind wir frei und können eine andere Reaktion als die übliche wählen.

Ich frage meine Gesprächspartner manchmal, ob sie von Leuten, die sie in ihrem Kopf wohnen und von denen sie sich den Tag verderben lassen, Miete verlangen. Wenn uns klar geworden ist, dass wir eigentlich Herr im eigenen Haus sein sollten, werden wir sicher mehr darauf achten, dass unsere Reaktionen auch wirklich unseren Intentionen entsprechen.

Die Unschuld anderer Menschen erkennen

Hätte ich gegenüber diesem Mann im Auto meiner Ego-Reaktion nachgegeben, wäre es zu einer möglicherweise sogar gefährlichen Konfrontation gekommen. Zumindest hätte ich mich darüber aufgeregt, dass es solche Leute gibt, dass er so unfair reagiert hatte ... dass die Welt überhaupt den Bach runtergehen würde, wie dieses Beispiel mal wieder zeigte. Und damit hätte ich lauter alte und nur zu gut bekannte emotionale Reaktionen ausgelöst – Stress, Ärger und noch mehr Urteile. Der Tag wäre mir gründlich verdorben gewesen.

Aber es kam nicht so, denn nachdem ich »So ein Blödmann!« gedacht und ihn gesehen hatte, schlug etwas in mir um. Ein Augenblick klarer Wahrnehmung, und meine tiefere Intelligenz und Weisheit schalteten sich ein. Ich sah, dass er schuldlos war. Da war gar kein Feind, nur ein trauriger älterer Herr, der mit der Welt haderte und das an dem Erstbesten ausließ, der ihn anhupte. Mein Herz konnte sich ihm nicht länger verweigern.

Wäre ich bei meinem ersten Urteil geblieben, hätte ich in meinem Körper allerlei Missempfindungen ausgelöst, und die wären dann womöglich auf meine Frau und alle anderen ringsum übergegangen. Diese Kraft liegt im Erkennen der Unschuld. Sie schirmt uns von den Schmerzen und Missstimmungen anderer ab. Wir alle haben diesen Blick für die Unschuld, wenn wir nur auf die Stimme unseres wahren Ich hören, die uns immer warnt, wenn wir drauf und dran sind, die falsche Abzweigung zu nehmen und den blinden Gewohnheitsreaktionen unseres Ego nachzugeben.

Hier kommt das zum Zuge, was wir »sich an die eigene Nase fassen« nennen. Wir alle können gelegentlich wie dieser Autofahrer reagieren, wenn wir nur genügend aufgebracht oder gestresst oder einfach übler Laune sind. Das vergessen wir jedoch nur zu leicht, wenn wir es mit jemandem zu tun bekommen, der vielleicht einen schlechten Tag oder wirklich schwere Probleme hat und genau das Verhalten an den Tag legt, das wir uns manchmal auch erlauben. Menschen, die zu Urteilen neigen, urteilen besonders hart über ihresgleichen. Interessant, oder?

»Die Unschuld sehen« heißt nicht, dass wir nicht mehr darauf achten, ob jemand uns oder anderen möglicherweise schadet. Es erspart uns einfach unnötige Schmerzen und erlaubt uns, in der Welt, aber nicht von der Welt zu sein. Auch wenn wir die Unschuld sehen, ist es keineswegs ausgeschlossen, dass wir jemanden zum Alkoholentzug oder ins Gefängnis schicken oder ihm kündigen. Es heißt nur, dass wir jeden immer und unter allen Umständen als Menschen sehen und unsere Reaktion auf seinen Schmerz wahrnehmen. Ich bin nicht für tatenloses Zuschauen. Ich sage nur, dass Sie sich Schmerzen ersparen, wenn Sie den anderen auch in seiner Unschuld sehen und nicht automatisch auf sein »Fehlverhalten« reagieren.

Das Gegenteil der Bereitschaft, den anderen in seiner Unschuld zu sehen, ist die Verurteilung. Und wie fühlt es sich an, wenn Sie über andere oder sich selbst urteilen? Warm und kuschelig? Nein, grauenhaft. Urteile trennen uns von anderen, sie sind der Trick, den das Ego anwendet, um sich überlegen zu fühlen. Das Ego braucht ständige Selbstbestätigung, und die sucht es unter anderem in diesem Überlegenheitsgefühl. Wo wir uns unterlegen fühlen, versuchen wir uns zu beweisen, dass wir es doch nicht sind, und so heben wir gern die Fehler anderer hervor oder versuchen sie einzuschüchtern, um uns nicht gar so machtlos zu fühlen. Schikaneure leben davon. Um ihren eigenen Wert zu beweisen, müssen sie andere ständig heruntermachen. Doch das ist ein Kampf, den das Ego nicht gewinnen kann, denn unser Wert muss gar nicht bewiesen werden. Auch ohne Überlegenheit sind wir es wert, geliebt und geachtet zu werden und glücklich zu sein. Das Urteilen von oben herab befriedigt unser Ego für einen Augenblick, aber das Glück des echten Selbstwertgefühls finden wir so nicht. Lassen Sie sich durch fadenscheinige und allzu vergängliche Überlegenheitsgefühle nicht von Ihrem Ego blenden. Sehen Sie den Impuls, zu urteilen oder sich überlegen zu fühlen, lieber als eine Art Warnleuchte, die Ihnen anzeigt, dass Sie im Ego-Denken befangen sind.

Mitfühlend die jeweils besonderen Umstände berücksichtigen

Wer im wahren Ich verankert bleibt, die Aktionen anderer nicht persönlich nimmt und ihre Unschuld sieht, dem wird es nicht an Mitgefühl mangeln. Wenn wir unser Ego einmal beiseite lassen und uns der Filter unserer von Urteilen geprägten Konditionierungen bewusst sind, scheint unsere natürliche Menschlichkeit durch. Alle Vorstellungen von gut und schlecht, richtig und falsch, moralisch und unmoralisch, vernünftig und verrückt entspringen den Denkgewohnheiten des Ego. Liebe in der Form von Mitgefühl überwindet den Wunsch zu urteilen. Sie setzt gute Gefühle frei, die auf den Empfänger ebenso heilsam wirken wie auf den, der sie fühlt.

Wir leben, wie wir im vierten Kapitel besprochen haben, in einer von Gedanken geschaffenen Welt, und diese Gedanken entspringen in den meisten Fällen Gewohnheiten, die wir durch den Umgang mit unseren Eltern und durch vielerlei gesellschaftliche Einflüsse erworben haben. Solche Prägungen und Gewohnheiten werden uns selbstverständlich, und wir bemerken sie so wenig wie Fische das Wasser. Unsere Gedanken, ob wir sie bemerken oder nicht, bestimmen, was wir wahrnehmen oder nicht.

Unser Denken wirkt wie eine Art unsichtbarer Filter oder wie eine Brille, durch die wir alles in unserem Leben betrachten. Unser Denken gibt unseren Sinnen auf unbewusstem Wege zu verstehen, wie sie die Dinge wahrzunehmen und zu beurteilen haben, was sie erwarten und fürchten sollen und wie dann aufgrund dieser Wahrnehmungen zu reagieren ist.

Wenn uns einmal klar geworden ist, dass wir es alle so machen, kann Mitgefühl eigentlich gar nicht mehr ausbleiben. Mit dem bloß intellektuellen Erkennen dieses Prinzips schaffen wir allerdings lediglich eine neue Überzeugung. Vielmehr müssen wir mit allen Fasern unseres Seins durchdringen, wie verschieden die Welten sein können, in denen die Menschen leben. Denn erst dann verstehen wir in Gänze, was es mit dem Menschsein auf sich hat.

Aber Vorsicht: Das Ego ist schlau und kann sich, wenn wir es zulassen, jede unserer Einsichten unter den Nagel reißen, um einen neuen Glaubenssatz daraus zu machen. Wenn uns beispielsweise aufgeht, dass wir unsere Wirklichkeit und Erfahrung selbst hervorbringen, kann es dazu kommen, dass wir andere Leute, die das Prinzip der unterschiedlichen Wirklichkeiten noch nicht verstanden haben, von oben herab beurteilen. Oder wir verurteilen uns selbst, wenn wir einmal für einen Augenblick vergessen, dass wir unsere Gedanken, unsere Wahrnehmung und unser Verhalten alle selbst machen. Wer über andere urteilt, bestraft sich selbst mit unguten Gefühlen wie Ärger, Widerwillen und Groll – zumal wir dabei auch immer die Scheinheiligkeit spüren, die darin steckt. Das Ego aber liebt solche Spiele, und deshalb ist es wichtig zu bemerken, wann es eine unserer echten Einsichten in einen Glaubenssatz ummünzt und damit zur Waffe macht. Wir *müssen* da nicht mitspielen. Halten wir uns einfach bewusst, dass wir die Unschuld anderer und auch unsere eigene nur allzu leicht vergessen, wenn wir keinen Anschluss an unser wahres Ich haben. Dann halten wir einen Augenblick inne, suchen diesen Anschluss und erinnern uns.

Unerfreuliches abschütteln

Früher habe ich Hockey gespielt. Sie wissen sicher, dass man dabei manchem mitunter ziemlich rauen »Check« ausgesetzt ist und das Ego dann schnell die Wut bekommen kann und Vergeltung sucht. Genau das ist auch beabsichtigt. Ich erinnere mich, dass ich stets aus meinem Fluss kam und schlechter zu spielen begann, wenn ich auf diese Taktik hereinfiel. Unser Trainer sagte immer, wir sollten so etwas ganz schnell »abschütteln«, um sofort wieder ins Spiel zurückfinden zu können. Hockeyspieler wissen, dass einer, der wütend ist, schlechter spielt, und sie legen es gezielt darauf an, den Gegner zu verärgern. Der ist dann nämlich durch seine Wut vorübergehend abgelenkt und zieht prompt den Kürzeren. Unser Trainer holte jeden verärgerten Spieler immer sofort vom Feld und setzte ihn auf die Bank, bis er sich wieder beruhigt hatte. Wer das Abschütteln beherrschte, konnte schneller wieder ins Spiel einsteigen.

Im Alltag sind Begegnungen mit verängstigten, verärgerten, intoleranten, unhöflichen und rücksichtslosen Menschen nicht zu vermeiden. Nicht zu vermeiden ist auch, dass wir deren Verhalten manchmal persönlich nehmen, obwohl wir alles über die Natur unseres Geistes und unserer Wirklichkeit wissen. Dann hilft nur noch abschütteln.

Am Verhalten von Vögeln lässt sich das sehr schön illustrieren. Manchmal fliegen welche gegen das Panoramafenster unseres Hauses. Dann bleiben sie immer erst einmal völlig verdattert hocken, verlieren vielleicht sogar das Bewusstsein. Dann aber raffen sie sich wieder auf und schütteln erst einmal den ganzen Körper ordentlich durch, wobei sich die Federn wieder glätten. Gleich danach fliegen sie auf und zurück in den Wald. Es verdirbt ihnen nicht den ganzen Tag, und soweit ich weiß, regen sie sich auch nicht im Kreis ihrer Vogelfreunde stundenlang darüber auf. Sie tun einfach weiter das, was sie auch sonst den ganzen Tag tun.

Wenn wir uns durch unsere Reaktionen auf andere aus dem Gleichgewicht bringen lassen, können wir es abschütteln, wie es die Vögel tun.

Hier ein paar Anhaltspunkte, wie Sie jederzeit in Ihre Mitte zurückfinden:

- Verurteilen Sie sich nicht wegen Ihrer Reaktion, aber verurteilen Sie auch den anderen nicht, auf den Sie reagiert haben.
- Lassen Sie Ihre Gefühle zu, damit sie Ihnen bewusst werden. Urteilen Sie nicht, dann wird es Ihnen leichtfallen, sie loszulassen.
- Bleiben Sie in der Gegenwart. Wir können nie irgendwo anders als in diesem gegenwärtigen Augenblick leben. Machen Sie sich klar, dass jetzt bereits nicht mehr der Augenblick ist, in dem das Unerfreuliche eintrat.
- Die Vergangenheit ist nur ein Gedanke, den das Gedächtnis durch die Zeit trägt. Gedanken können Ihnen nicht wehtun, es sei denn, Sie halten sie für Realität.

Rechtes Handeln

Gegenüber Menschen, die aus einer Grundhaltung der Angst heraus handeln, reicht Mitgefühl manchmal nicht aus. Mitgefühl ist zwar das, was uns im Umgang mit anderen vor seelischem und spirituellem Schaden bewahrt, manche Situationen verlangen aber, dass wir darüber hinaus konkret etwas tun. Im Buddhismus wird das Handeln nach den Vorgaben unseres wahren Ich als »rechtes Handeln« bezeichnet. Wenn wir es mit Menschen zu tun haben, die unter dem Einfluss ihrer vom Ego gesteuerten Ängste stehen – seien es Kinder, Kollegen, der Ehepartner oder ein Terrorist –, kommt es entscheidend darauf an, dass wir in unserem wahren Ich verwurzelt bleiben. Nur dann wissen wir, ob wir die Person und die Situation einfach so nehmen können, wie sie sind, oder ob wir aktiv werden müssen, um uns selbst, Dritte oder die betreffende Person vor Schaden durch unselige Aktionen zu bewahren.

Rechtes Handeln verlangt in der Regel kein Vorausdenken

und keine Planung, sondern ergibt sich als Instinktreaktion unseres wahren Ich aus der Situation selbst. Selbstverständlich kann rechtes Handeln aber auch darin bestehen, dass wir vorausschauend agieren.

Vor einigen Jahren ging eine Geschichte durch die Nachrichten, die von der Heldentat eines ganz gewöhnlichen Mannes erzählte. Er befand sich in seinem Wagen gerade auf der Brücke über den Potomac River, als er einen Hubschrauber ins Wasser stürzen sah. Reflexartig hielt er an, stieg aus und sprang ins eiskalte Wasser – es war Februar. Er konnte etliche Menschen retten und wurde über Nacht zum Nationalhelden. Natürlich wurde er danach unzählige Male interviewt und konnte immer nur sagen: »Aber das war doch nichts Besonderes. Sie hätten genauso gehandelt.«

Er sagte das nicht, um seine Bescheidenheit hervorzukehren, er meinte es so. Ihm war sein Verhalten so unerklärlich wie allen anderen. Da gab es gar nichts zu überlegen, er sprang einfach.

Man kann vielleicht sagen, dass sein Mitgefühl augenblicklich wach wurde und ihn leitete. Es gibt viele andere Geschichten von außerordentlichem Mut im Krieg, bei Naturkatastrophen, Überfällen und Autounfällen. Viele berichten, dass während des schlimmsten Teils des ganzen Geschehens eine seltsame große Ruhe über sie kam und sie mit unfehlbarer Sicherheit und ungeahnter Kraft genau das Richtige taten. Rechtes Handeln ist von der Intelligenz unseres wahren Ich geleitet und daher in jeder Situation immer genau angemessen.

Ich habe schon erzählt, dass ich früher einige Zeit als Berater und Trainer für einen Krankenhausträger gearbeitet habe. Meine Aufgabe war es, sowohl das medizinische als auch das Hilfspersonal in die hier dargelegten Verhaltensprinzipien einzuweisen. Eine Krankenschwester, die das Training absolvierte, berichtete von einem Fall, der die Bedeutung der inneren

Ruhe für das rechte Handeln gut illustriert. Sie gehörte einem Herz-Notfallteam an und war in der Vorwoche gerufen worden, als eine Patientin einen Herzanfall erlitt. Zuerst agierte das Team ziemlich kopflos, jeder hatte irgendetwas anderes vor, alle rannten wild umher und waren einander eher im Weg. In der ganzen Panik ahnte die Krankenschwester irgendwie, dass die Patientin sterben würde, wenn sie nicht endlich koordiniert arbeiteten. Urplötzlich fiel ihr ein, was sie gelernt hatte: die Gedanken abstellen und ruhig werden. Aus Leibeskräften schrie sie: »Ruhe und klaren Kopf bewahren!« Darauf fiel den anderen ebenfalls sofort das Gelernte ein, und sie sammelten sich. Von da an lief alles Hand in Hand und wie geschmiert, und die Frau konnte gerettet werden.

Im Alltag bieten sich uns täglich Gelegenheiten, von unserem wahren Ich geleitet recht zu handeln, wenn andere ringsum ihren von Angst oder anderen negativen Regungen geprägten Impulsen folgen, sei es der rücksichtslose Fahrer oder jemand, der sich im Laden vordrängt oder ein Kind, das an der unpassendsten Stelle einen Wutanfall bekommt. Vielleicht wählen wir dann die einfachste Lösung, nämlich nicht unserer Ego-Reaktion nachzugeben, oder wir bringen sogar ein echtes freundliches Lächeln zuwege und fragen, ob wir irgendwie helfen können. Vielleicht bringen wir klein Johnny aus dem Laden und nach Hause, damit er ein Schläfchen halten kann. Oft besteht die Lösung darin, dass wir gar nichts tun; in unserem wahren Ich verankert bleiben, das ist immer eine »Reaktion« von großer Kraft, selbst wenn niemand außer uns selbst etwas davon hat. Von da aus erschließt sich Ihnen das rechte Handeln im Augenblick.

In dieser Zeit des immer rapider werdenden Wandels haben wir alle reichlich Gelegenheit, das Handeln nach diesen Richtlinien zu lernen, sind wir doch oft genug von Leuten umgeben, die sich durch Verunsicherung oder auch eine negative

Grundhaltung auszeichnen. Vielleicht nehmen Sie die Augenblicke, in denen Sie die Wahl haben, Ihrem Ego nachzugeben oder nicht, allmählich immer deutlicher wahr und erinnern sich dieser Anhaltspunkte dann als mögliche Alternative.

In den letzten beiden Kapiteln werden wir alle hier vermittelten Gedanken und Prinzipien auf den Punkt zu bringen versuchen und uns ansehen, wie sich ein angstfreies Leben in der Geborgenheit unseres wahren Ich in inspiriertes Handeln übersetzt. Wie können wir in einer Welt, in der Angst zur Norm geworden ist, als Kräfte der Inspiration, der Veränderung und des Friedens leben?

》 MERKHILFEN

- Mitgefühl ist Liebe angesichts von Leid, der Weg zur Immunität gegen die Angst.
- Mitgefühl entsteht ganz von selbst, wenn wir in unserem wahren Ich verankert bleiben, die Ego-Regungen anderer nicht persönlich nehmen und diese Mitmenschen in ihrer Unschuld sehen.
- Wie man sich vor den Ängsten anderer schützt:
  - Bleiben Sie in der Gegenwart und im Sein verwurzelt.
  - Nehmen Sie die Aktionen anderer nicht persönlich.
  - Sehen Sie die Unschuld in Ihren Mitmenschen.
  - Bemühen Sie sich in Ihrem Erkennen der verschiedenen Wirklichkeiten um verständnisvolles Mitgefühl.
  - Schütteln Sie es ab.
  - Suchen Sie das rechte Handeln.
- Die Beurteilung anderer als dumm, verrückt oder faul zeugt nur von unserer eigenen Unwissenheit.
- Immunität gegen die Ängste anderer Menschen bedeutet nicht Passivität. Gefragt ist rechtes Handeln.

9 Von Furchtlosigkeit zu inspiriertem Handeln

Nach den in diesem Buch dargestellten Prinzipien kann jeder seine Angstsucht überwinden und schließlich ein Leben führen, in dem er mit seinem wahren Ich verbunden ist und von ihm geleitet wird. Was aber hat unser persönlicher Weg mit dem Leben der Menschen ringsum und in der Welt insgesamt zu tun? Wenn wir uns auf der Erde umsehen, wird offenkundig, dass jeder von uns stets die Wahl zwischen dem Weg der Angst und dem des Muts und der Veränderung hat. Werden wir aus dieser Welt der Angst eine Welt des Friedens und des Glaubens an die eigene Kraft machen? Lassen wir uns von den Kräften des Ego klein halten, oder werden wir ganz als unser wahres Ich leben? Werden wir bestehende Ungleichgewichte, Ungerechtigkeiten und Gefahren zum Anlass nehmen, uns offen und rückhaltlos zu äußern, um so eine bessere Welt zu erschaffen?

In diesem Zusammenhang möchte ich Ihnen eines meiner Lieblingszitate nicht vorenthalten. Es stammt von Marianne Williamson und wird im Folgenden in den Worten Nelson Mandelas wiedergegeben.

Nicht unser Ungenügen ist es, was wir am meisten fürchten. Wir sind unvorstellbar mächtig, und *das* ängstigt uns am meisten. Unser Licht erschreckt uns mehr als unsere Finsternis. Aber die Welt hat nichts davon, dass wir uns so klein machen. Es zeugt

173

nicht von Weisheit, wenn du dein Licht unter den Scheffel stellst, damit sich andere nicht befangen fühlen in deiner Gegenwart. Wir alle sollen strahlen, wie Kinder es tun, so war es gemeint. Es ist nicht nur in einigen wenigen von uns, es ist in jedem. Und wenn wir unser Licht leuchten lassen, ermuntern wir andere, ohne es zu wissen, es ebenfalls zu tun. Wer sich von seiner Angst befreit hat, dessen bloße Gegenwart befreit auch andere.

Nelson Mandelas eigenes Leben dürfte ein sehr treffendes Beispiel für diese Aussagen sein. In einem südafrikanischen Gefängnis hatte er die Vision, die Apartheid in seinem Land abzuschaffen – nicht gewaltsam, sondern durch Rückkehr an die Macht und den Weg der Vergebung gegenüber den Unterdrückern. Mit Überzeugung, Mut und Weitblick gelang ihm die Umgestaltung eines scheinbar unerschütterlichen Systems der Unterdrückung. Mandela blieb einfach seinem wahren Ich treu und inspirierte damit ein ganzes Land, ja die ganze Welt.

Die Geschichte weiß von vielen Visionären, die Großes vollbrachten – der Buddha, Jesus, Mohammed, Gandhi oder auch Martin Luther King. Sie alle waren Menschen wie wir, und das bedeutet, dass es uns allen gegeben ist, die tiefen Einsichten unseres wahren Ich zu empfangen; die Visionäre vertrauten ihrer Einsicht und handelten danach, das ist der ganze Unterschied. Manche von ihnen fanden Erleuchtung, das heißt das vollkommene Offenbarwerden ihres wahren Ich; andere kannten diesen Zustand nur vorübergehend und erlebten Augenblicke reiner Inspiration, aber auch Zeiten, in denen das Ego herrschte. Doch ob sie sich nur einen Moment oder viele Augenblicke oder ein Leben lang vom reinen Geist leiten ließen und ihm Ausdruck gaben, die Beispiele zeigen, dass es jedem Menschen möglich ist, aus der Kraft des wahren

Ich zu handeln, und die Ergebnisse sind immer segensreich für das Ganze.

Nicht nur berühmte historische Gestalten sind in Augenblicken großer Bewusstheit mutig den Weg des wahren Ich gegangen. Die Berliner Mauer fiel, nachdem Tausende auf die Straße gegangen und an den ohne klare Befehle ratlos dastehenden Grenztruppen vorbei in den Westen marschiert waren. Auch sie zogen den mutigen Weg des wahren Ich dem der Angst vor, und das alte Regime wurde einfach überrannt. Aber Mut fühlt sich in Augenblicken des rechten Handelns meist nicht gleich wie Mut an. Zunächst tun die Menschen in solchen Augenblicken einfach das, was ihnen der Geist eingibt und was ihnen einleuchtet. Für andere mag das heroisch, ja manchmal übermenschlich aussehen. Aber die Leute sind einfach nur ganz sie selbst, das ist alles.

Der Weg des inspirierten Handelns ist anfangs oft nicht leicht als solcher zu erkennen. 2006, kurz nach dem Angriff Israels auf den Libanon nach der Verschleppung zweier Soldaten, las ich in der Zeitung einen Artikel, in dem es hieß, dieser Vorgang könne sich zum dritten Weltkrieg ausweiten. In der Nacht schreckte ich aus einem Angsttraum auf, in dem es um den Krieg im Nahen Osten ging.

Ich erwachte in vagem Grauen über den Irakkrieg und die um sich greifenden Auseinandersetzungen zwischen Israel und der Hisbollah. Ich fühlte mich unruhig und angespannt und konnte nicht wieder einschlafen. Mir wurde bewusst, dass ich etwas zu entscheiden hatte: Sollte ich die Angst beiseite schieben, um wieder schlafen zu können, oder war es an der Zeit, nach der Absicht meines Traums zu forschen und gegebenenfalls aktiv zu werden? Oft habe ich mich in solchen Situationen zur Seite gedreht, meine Angstgedanken als »einfach nur Angstgedanken« erkannt, losgelassen – und entschlossen weitergeschlafen. Bei vielen Ängsten ist das auch angebracht.

Manchmal ist es aber auch gut, wenn man sich fragt, ob da etwas ist, was gehört werden will oder unser Handeln verlangt. Meine innere Stimme sagte jedenfalls nach diesem Traum: »Steh auf, tu etwas, deine Angst hat einen tieferen Sinn.«

Ich goss mir einen Tee auf, machte es mir mit meinem Tagebuch bequem und befragte mein wahres Ich zu diesem Traum und meiner Angst. Als Antwort kam, der Traum sei dazu da, mich zum Verfassen dieses Kapitels zu bewegen. In diesem Fall genügte es also nicht, einfach meine Angst zu erkennen und loszulassen und damit in den Zustand der Angstfreiheit zurückzukehren; vielmehr wurde ich zu inspiriertem Handeln aufgefordert, und inspiriertes Handeln bestand in diesem Fall darin, dass ich über den Weg »von Furchtlosigkeit zu inspiriertem Handeln« schrieb. Ich weiß das, weil ich gelernt habe, mich unter solchen Umständen vertrauensvoll der Führung meines wahren Ich anzuvertrauen. Ich vertraue ihm und höre auf seinen weisen Rat.

Das war, wie ich bereits erwähnt habe, nicht immer so. Ich habe in jüngeren Jahren in Ängsten gelebt, ich dachte zwanghaft an meine Sorgen und Kümmernisse und Stressbelastungen, ich wusste nicht, dass da noch ein wahres Ich war, auf dessen unerschöpfliche Ressourcen ich zurückgreifen konnte. Angst lähmt, und mich hielt sie davon ab, meinen Träumen, Wünschen und Eingebungen nachzugehen. Als ich dann herausfand, wie man in der Geborgenheit des wahren Ich angstfrei leben kann, stellte ich fest, dass Furchtlosigkeit nicht genügt. Für mich galt, dass ich darüber hinaus mutig sein musste. Ich brauchte den Mut, einer Eingebung zu folgen; den Mut, die Wahrheit auch dann zu sagen, wenn sie anderen nicht gefiel, wenn sie keine Anerkennung fand oder sogar eine Freundschaft gefährdete; und ich brauchte den Mut, den Rahmen meiner eigenen Denkmuster und Überzeugungen zu sprengen.

Oftmals schwingen wir uns unversehens zur Höhe unseres wahren Ich auf und handeln entsprechend, ohne aber eigentlich zu wissen, woher diese Kraft und Sicherheit kommen, ohne wirklich zu verstehen, dass wir das in Wahrheit *sind*. So haben wir den Kontakt zu unserem wahren Ich im nächsten Augenblick schon wieder verloren, und die Erinnerung an die Inspiration verblasst zu einem Traum. Vielleicht machen wir aus unserer Einsicht aber auch einen eisernen Glaubenssatz, der beinhaltet, wie man mit bestimmten Situationen umgeht. Mit der Lebendigkeit des Augenblicks hat das aber nichts mehr zu tun. Ich erinnere mich, dass meine Schwester unsere Mutter einmal fragte, weshalb sie eigentlich den Osterschinken immer halbiere. Das tat sie jedes Jahr. Meine Mutter sagte: »So hat es meine Mama auch immer gemacht.« Wie sich dann herausstellte, hatte meine Großmutter einfach keine ausreichend große Pfanne besessen und deshalb zu dieser praktischen Lösung gegriffen. Wir schlafen so leicht wieder ein! Viele Male passiert es uns jeden Tag – und das sind noch die eher glücklichen Umstände. Die meisten werden gar nicht erst oder nur sehr selten wach.

Wir stehen an einem kritischen Punkt der Geschichte, wo es für den Bestand der Erde und der Menschheit immer wichtiger wird, dass Mut und die Kräfte des wahren Ich an die Stelle der Angst und der Ego-Kräfte treten. Den Wandel kann aber nur jeder für sich selbst herbeiführen, einer nach dem anderen. Wir haben die Wahl. Wofür entscheiden Sie sich?

Eine desorientierte Welt

Solange es Menschen gibt, spüren sie die Last der Angst. Und Angst wirkt sich auf unsere Beziehungen zueinander und zur Erde immer negativ aus.

Im Informationszeitalter, im Zeitalter der Technik und der Massenvernichtungsmittel, ist die Angst aber richtig gefährlich geworden, sie greift heute schneller um sich und ist verheerender in ihren Auswirkungen. Bei den heutigen Reise- und Transportmitteln können sich Krankheiten in Wochen oder Monaten und nicht wie einst im Laufe von Jahrzehnten über die ganze Erde ausbreiten. Eine Atombombe in den Händen irgendeines unzurechnungsfähigen Diktators oder auch eines von seinen Ängsten besetzten Staatsführers könnte in irgendeinem anderen Teil der Welt eine ganze Zivilisation von jetzt auf gleich ausradieren. Die Nachrichtenmedien und das Internet beliefern uns in Echtzeit und gestochen scharfen Bildern rund um die Uhr mit Angstbotschaften.

Die wachsende Weltwirtschaft verspricht uns ein »gutes Leben« für alle, beschleunigt dabei jedoch die Zerstörung des Planeten durch Luft-, Wasser- und Bodenverschmutzung und die daraus resultierenden Klimaveränderungen. Was unseren Körper, den Verbrauch der Ressourcen und unser Umweltbewusstsein angeht, sind wir in eine Schieflage geraten, vor allem aber scheinen wir nicht mehr in der Lage zu sein, auf diesem wunderbaren Planeten, der für uns alle da ist, gut miteinander auszukommen. Wenn wir unsere Probleme nur aus der Sicht des Ego angehen, züchten wir selbstzerstörerische Verhaltensweisen, und das gilt im Großen wie im Kleinen.

Die kollektive Bewusstlosigkeit

In seinem 1932 erschienenen Roman *Brave New World* (deutsch zunächst als *Wackere neue Welt*, später *Schöne neue Welt*) schildert Aldous Huxley eine Zukunftsgesellschaft, deren Bürger der totalen Kontrolle durch ein Weltregime unterliegen, dem es um »Gemeinschaft, Identität, Stabilität« und sonst nichts geht. Wenn jemand sich körperlich oder seelisch unwohl fühlt, bekommt er sofort eine Dosis »Soma«, was ihn prompt in ruhige Fügsamkeit zurückversetzt und damit die Stabilität des Ganzen sichert.

Sind wir am Beginn dieses einundzwanzigsten Jahrhunderts schon so weit? Wir könnten uns beschwichtigend sagen, dass niemand uns Soma verabreicht und es keinen totalitären Staat gibt, der uns bis in unsere Gedanken hinein kontrolliert (wobei einige Verschwörungstheoretiker das sicher ganz anders sehen). Ich denke aber, dass wir tatsächlich kontrolliert werden, wenn auch nicht von außen, sondern durch das, was ich »kollektive Bewusstlosigkeit« nenne.

Anders gesagt: Wir leben unter der Diktatur unseres Denkens, eines Denkens, das durch und durch vom Ego infiltriert ist und immer neue Angstgedanken und Angstgefühle hervorbringt. Unser »Soma« ist alles, was wir suchtartig zur Ablenkung von dieser Angst anstellen oder zu uns nehmen. Das kann vieles sein: Konsum jeder Art, Esssucht, Schönheitswahn, Erfolg, Geld, Fernsehen, Internet, Macht, Alkohol, Drogen – alles, was das Bewusstsein unserer Angst betäubt. Wir leben im ständigen Hintergrundsrauschen einer unsichtbaren Angst, in der wir wie gebannt auf Vergangenheit und Zukunft starren und die Realität des gegenwärtigen Augenblicks gar nicht mehr wahrnehmen. Das meine ich mit »kollektiver Bewusstlosigkeit«.

Unsere Angstsucht funktioniert so heimtückisch wie verdeckte Video-, Telefon- oder E-Mail-Überwachung. Das Ego blendet uns mit Angst, damit wir unsere Göttlichkeit, unser wahres Ich, nicht sehen. Darüber hinaus sorgt die Überfütterung mit allzu vielen um unsere Aufmerksamkeit wetteifernden (und größtenteils eingebildeten) Ängsten dafür, dass wir in diesem Wust aus Angst und Ablenkungsstrategien nichts mehr klar erkennen und reale Gefahren nicht mehr von herbeigeredeten unterscheiden können. In unserer Mediensicht haben wir das Gefühl für das verloren, was für unser Überleben und unsere Lebensfreude wirklich wichtig ist.

Die Werbebranche hat es in der Manipulation unseres Verhaltens zur Meisterschaft gebracht, seit sie im Fernsehen die meisten Sparten als Schienen benutzt, über die sie Produkte an den Mann bringt und den Wunsch nach Dingen zu schüren versucht, die, was unser Überleben und Wohlergehen angeht, absolut entbehrlich sind. Diese Leute wissen einfach, wie sie die richtige Stelle in uns finden und ansprechen können, sei es das archetypische Verlangen zu leben, zu lieben und Erfüllung zu finden oder die Angst vor Tod und Auslöschung.

Wenn wir uns von unserem Ego beherrschen lassen, sind wir dem Einfluss anderer Menschen mehr oder weniger schutzlos ausgesetzt. Es kämpft nämlich praktisch ständig um sein Überleben; es versucht seine Sicht der Realität glaubhaft zu machen, versucht andere zur Bestätigung dieses Weltbildes zu überreden und übersieht dabei geflissentlich alles und jeden, der etwas anderes sagt. Die Wahrheit hat Mühe, sich Zutritt zu verschaffen, wenn an der Tür das Ego als Rausschmeißer steht. Insbesondere natürlich dann, wenn Familie, Freundeskreis und Gesellschaft ebenfalls diesem auf Illusionen beruhenden System von Glaubenssätzen verpflichtet sind. Die Wahrheit durch das Gedankengetöse des Ego hindurch zu hören verlangt sehr aufmerksames Hinhören und den Mut, nach den Weisungen unseres wahren Ich zu leben.

Eine innere Revolution

Können wir uns das »gute Leben« – oder Besseres – doch noch sichern, wenn wir uns vom alten Denken lösen und spirituelle Einsicht zu unserem Wegweiser machen? Ja, das glaube ich schon.

Die einzige echte und plausible Lösung der Probleme unserer heutigen Welt besteht in einem Leben aus unserer spirituellen Mitte, unserem wahren Ich, heraus. Und nur wenn jeder von uns sein persönliches Bewusstsein verändert, wird sich auch das Bewusstsein der Menschheit wandeln. Nur in einem Leben unter der Führung unseres wahren Ich denken und handeln wir im Sinne von Frieden und Gesundheit, im Sinne gegenseitiger Achtung, für Gerechtigkeit und das Gleichgewicht von Natur und Zivilisation. Was könnte das für eine Welt sein, wenn jeder Einzelne aus der Fülle seines wahren Ich leben würde! In den Regierungen würden sich endlich neue Ideen durchsetzen, wie man Kriege durch eine kreative, auf gegenseitigem Respekt beruhende Diplomatie beenden kann, statt sie durch deutlich überholte Vergeltungsprinzipien und immer mehr Gewalt endlos in Gang zu halten.

Irgendwo müssen wir anfangen, am besten jeder bei sich selbst. Nur wenn wir als Einzelne das in uns angelegte Dasein als spirituelle Wesen in dieser Welt verwirklicht haben, sind wir sicher vor den großen Bangemachern, die unser Denken und Handeln beherrschen wollen und nichts so sehr hassen wie Freiheit. Unabhängig im Denken und frei in unserer Wahl werden wir uns der kollektiven Bewusstlosigkeit nicht mehr beugen, diesem Status quo, der uns in sein Regelkorsett zwingen möchte, obwohl – oder weil – diese Regeln der puren Illusion entspringen.

Und wenn wir uns von unserem wahren Ich leiten lassen,

verfügen wir auch über den erforderlichen Mut, die Intelligenz und die Weisheit, die eine wirklich schöne neue Welt entstehen lassen.

Die neue Welt

Die schöne neue Welt, die ich meine, entsteht aus der Furchtlosigkeit des wahren Ich und kennt weder Trennung noch Feinde. Sie ist die aufspringende Knospe des menschlichen Bewusstseins, eines Menschheitserwachens, in dem wir unsere wahre spirituelle Identität erkennen. In dieser neuen Welt werden wir von unserer Angstsucht befreit sein; wir werden erkennen, dass Angst einfach das ist, was uns aufweckt, wenn wir doch wieder einmal einschlafen.

Wenn sich im Aufwachen aus der kollektiven Bewusstlosigkeit die Ketten der Angstsucht lockern, wird es zu einer stillen Revolution kommen, die mehr und mehr an Schwung gewinnt. Die Einschüchterungstaktiken der Fanatiker in Religion, Politik und Medien werden bei den Massen immer weniger verfangen, und die Bangemacher werden ihr Publikum nicht länger an der Nase herumführen können. Je besser wir die Stimme des wahren Ich von der des Ego zu unterscheiden lernen, desto weniger werden wir auf Angsttaktiken hereinfallen, die uns voneinander und von unserem wahren Ich trennen sollen. Wir werden die Wahrheit des Einsseins entdecken. Wir sind alle von der gleichen Göttlichkeit, vom gleichen Menschengeist − unmöglich kann einer der Feind, Widersacher oder Konkurrent des anderen sein. Wir *sind* die schöne neue Welt, in der weder ein äußerer Gott noch ein anderer Mensch zu fürchten ist.

In dieser schönen neuen Welt ist das Trennungsdenken überwunden und wir sehen klar, wie Einheit, Gemeinsamkeit und Miteinander zu fördern sind. In unserer angstfreien Welt herrschen Frieden und Eintracht, Unterschiede müssen nicht nivelliert werden, sondern werden begrüßt, jeder Einzelne wird als eine von unzähligen Ausdrucksformen der göttlichen Schöpferkraft erkannt und weiß sich in seiner Wahrheit und Schönheit geachtet. So sind wir Befreier – nicht von Völkern oder unterdrückten Minderheiten, sondern Befreier des Geistes, des jeder menschlichen Seele innewohnenden wahren Ich.

Wie kann es zu dieser Revolution des Bewusstseins kommen? Was können wir ändern, um diesen Weg des Erwachens einzuschlagen? Woran können wir uns orientieren, und was hilft uns bei diesem Übergang von einer unter der Herrschaft des Ego und seiner selbstzerstörerischen Denkgewohnheiten stehenden Welt zu einer vom Göttlichen in uns geprägten schönen neuen Welt? Wie also lassen sich die in diesem Buch dargelegten Prinzipien auf die großen Fragen und Probleme unserer heutigen Welt anwenden?

10 Ein furchtloses Leben

Wie können wir unserem wahren Ich in der Welt Ausdruck geben? Wie können wir ihm auf achtungsvolle, mutige und kluge Art treu bleiben, sodass wir andere begeistern, sei es die Familie, unser weiteres Lebensumfeld oder sogar die ganze Welt? Woher nehmen wir den Mut dazu? Kurz, wie setzen wir die in diesem Buch dargestellten Prinzipien um? Wie können wir in der Welt leben, ohne gänzlich ihrem Einfluss ausgeliefert zu sein?

Dieses Abschlusskapitel möchte die wichtigsten Gesichtspunkte zusammenfassen und ein Aufruf zum inspirierten Handeln sein: für eine schöne neue Welt, die mit Ihrer persönlichen Transformation beginnen muss, einer Welt also, die dem wahren Ich und nicht dem Ego entspringt. Ein vom wahren Ich geleitetes Handeln, inspiriertes Handeln, ist letztlich das einzige Heilmittel für die Angstsucht der Welt.

Evolution als Lebensform

Wir glauben gern, dass uns die Entscheidung für den Weg der persönlichen Transformation und des furchtlosen Lebens einen nahtlosen Übergang bescheren wird und wir von da an nur noch glücklich und in Freuden leben. Die Entscheidung, uns nicht mehr von unserem angstbesetzten Ego, sondern vom wahren Ich leiten zu lassen, ist sicher ein Wendepunkt, ein schnurgerader Weg des Wandels aber beginnt hier sicher nicht.

Persönliche Entwicklung verläuft eher nach dem Muster »zwei Schritte vor, einer zurück«. Wenn wir die Kunst der persönlichen Entwicklung nicht verstanden haben, lassen wir uns leicht entmutigen und nehmen uns übel, dass wir nicht »vollkommen« sind. Unter diesem Gesichtspunkt möchte ich mein Buch mit ein paar vorbeugenden Hinweisen zu diesem Prozess abschließen und dabei die Kernaussagen zusammenfassen, die uns Hilfe bieten, wenn wir auf dem Weg des wahren Ich bleiben möchten.

Ich beschreibe die persönliche Entwicklung gern als eine spiralenförmige Bewegung zu immer mehr Bewusstsein, Frieden und Liebe. Aber auf allen Stufen dieser Spirale können alte Angst- und Denkmuster des Ego wiederauftauchen, wenn wir gerade meinen, wir hätten die alten Gewohnheiten überwunden. Warum ist das so?

Das Wiederauftauchen alter Gewohnheiten gibt uns die Gelegenheit, Entscheidungen zu korrigieren, die wir getroffen haben, als wir uns der eigenen Gedanken noch nicht bewusst waren. Wenn also das nächste Mal eine alte Ego-Regung wiederauftaucht, dann betrachten Sie das nicht als Zeichen Ihres Versagens, sondern als eine neue Chance, die richtige Wahl zu treffen – *das* ist der Weg des echten und dauerhaften Wandels. Von unserem neuen Bewusstseinsstand aus sehen wir die Reste alter Gewohnheiten mit den Augen des Beobachters: klar, verständnisvoll und wohlwollend.

Es handelt sich um eine Art natürlichen Ausscheidungsprozess für alles, was nicht zu unserem wahren Ich gehört. Immer wenn eine alte Gewohnheit wieder durchschlägt und wir das einfach offen und urteilsfrei wahrnehmen, sehen wir wieder etwas klarer, dass wir uns in unserer Ahnungslosigkeit Überzeugungen zu eigen gemacht haben, die überhaupt nicht dem entsprechen, was wir wirklich sind. Von unserer neuen Bewusstseinsebene aus erkennen wir Alternativen und unsere Freiheit, das zu wählen, was uns im Reich unserer inneren Wahrheit zu leben erlaubt. Die folgende Abbildung veranschaulicht diesen Weg der persönlichen Entwicklung.

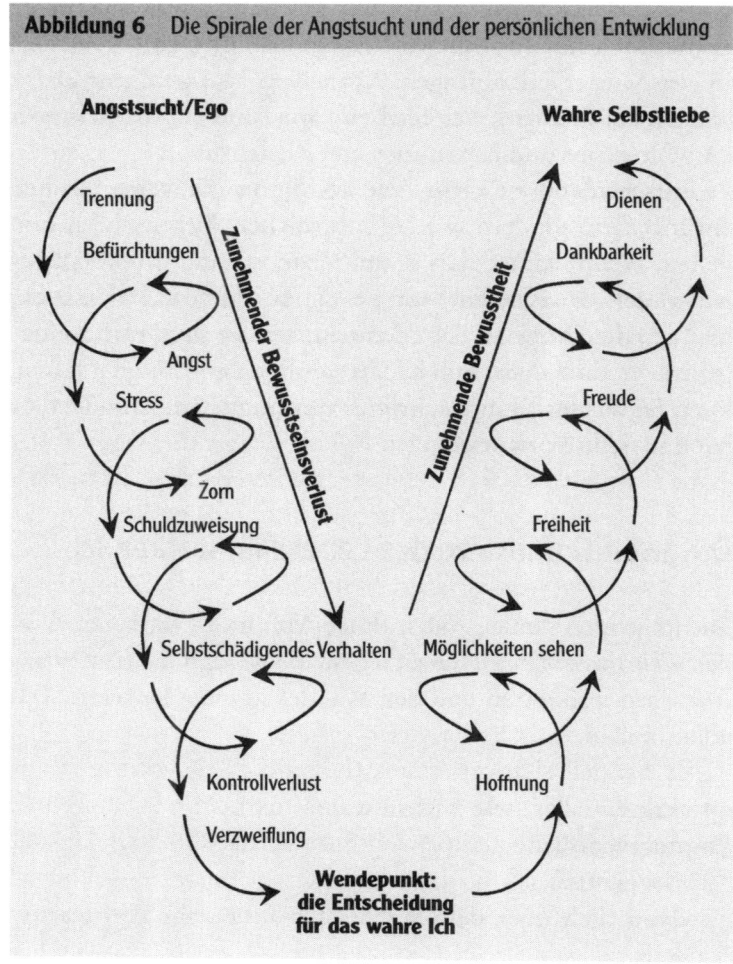

Abbildung 6   Die Spirale der Angstsucht und der persönlichen Entwicklung

Angstsucht/Ego

Wahre Selbstliebe

Trennung

Befürchtungen

Angst

Stress

Zorn

Schuldzuweisung

Selbstschädigendes Verhalten

Kontrollverlust

Verzweiflung

Zunehmender Bewusstseinsverlust

Dienen

Dankbarkeit

Freude

Freiheit

Möglichkeiten sehen

Hoffnung

Zunehmende Bewusstheit

**Wendepunkt:
die Entscheidung
für das wahre Ich**

Es ist wichtig, diese Zusammenhänge zu kennen, sonst lässt man sich auf dem Weg der persönlichen Entwicklung allzu leicht verunsichern. Reste meiner alten Denkgewohnheiten sind nach wie vor in mir, aber wenn sie jetzt wieder aktiv werden, habe ich sie schnell durchschaut: als Gewohnheiten dessen, was ich für mein Ich gehalten habe, meines Ego. Jetzt fällt es mir nicht mehr schwer, auf den Weg meines wahren Ich zurückzufinden und einfach Verständnis für meinen Rückfall in alte Muster aufzubringen. Mit jedem Mal wird mir klarer, wie ich auf meinem Weg bleiben kann, und ich tue es immer entschlossener und mit immer mehr Erfahrung.

Entscheidend ist nicht, wie oft Sie in die Vergangenheit zurückfallen, sondern wie Sie mit solchen Ausrutschern umgehen. Wenn klar ist, dass es nur Chancen sind, Ihr Verständnis weiter zu vertiefen, werden Sie bei klarem Bewusstsein bleiben, die Dinge als das erkennen, was sie sind, und weitergehen. Wenn Sie mit sich hadern und sich entmutigen lassen, lösen Sie sich nur umso schwerer von restlichen Schuldgefühlen und Selbstvorwürfen.

Die zwölf Grundsätze des Lebens im wahren Ich

Die folgenden Punkte sollen Ihnen Mut und Lust machen, in der Welt Ihres wahren Ich zu leben. Sie werden dann auch andere dazu inspirieren und den Wandel zu einer besseren Welt vorantreiben.

1. Erkenne dich selbst (dein wahres Ich).
2. Sei du selbst.
3. Sei dir treu.
4. Freu dich über dein wahres Ich und seine Einzigartigkeit.

⑤ Lass in stiller Betrachtung und tiefem Lauschen die Stimme der Wahrheit laut werden.

⑥ Glaube deinen Einsichten und Intuitionen, deiner Inspiration und Weisheit.

⑦ Handle mutig nach den Vorgaben deines wahren Ich und lass Geist Form werden.

⑧ Gib acht, dass sich dein Ego nicht damit brüstet (Symptome: Stolz, Überlegenheitsgefühle, die Bereitschaft zu urteilen und der Drang zu kontrollieren).

⑨ Bleib dabei, der Stimme deines wahren Ich zu folgen, auch wenn andere es weder verstehen noch billigen.

⑩ Sieh es dir nach, wenn du in alte Ego-Gewohnheiten zurückfällst.

⑪ Sieh andere in ihrer Unschuld und ihrem illusionären Trennungsglauben und sei verständnisvoll, wenn sie nach den Vorgaben ihres Ego handeln.

⑫ Sei dir immer bewusst, dass du selbst es bist, der deine Wirklichkeit erschafft.

Erkenne dich selbst

Wie in den ersten beiden Kapiteln dargestellt, kommen wir alle in der Reinheit unseres wahren Ich in diese Welt, doch dann entstehen Missverständnisse, die uns glauben lassen, wir seien von unserem göttlichen Ursprung getrennt. In diesem Irrglauben nehmen wir eine falsche Identität an, die unseres Ego. Die Denkstrukturen unseres Ego halten das aufrecht, was wir Persönlichkeit nennen – Eigenheiten, Glaubenssätze, Vorstellungen, Beschränktheiten, Vorurteile, Qualitäten und Schwächen. Daraus formen wir unsere ganz eigene, getrennte Realität, und die ist die Brutstätte aller persönlichen Ängste und aller großen Konflikte in der Welt. Darüber hinaus gibt es die größeren Denkstrukturen von Gruppierungen, ganzen

Gesellschaften und Kulturen, und all das zusammen bildet das, was wir das kollektive Unbewusste nennen.

Sich selbst erkennen – das hat nichts mit der Analyse der eigenen Person zu tun, mit der man die Geschichte der eigenen Psyche aufzuarbeiten versucht, um zur Wurzel eines Leidens vorzudringen. Ich habe über weite Strecken meiner beruflichen Laufbahn seelische Störungen, Süchte und dergleichen zu diagnostizieren, einzustufen und »in Ordnung« zu bringen gelernt, und immer ging es darum, etwas umzukrempeln, was eigentlich gar nicht real ist: das Ego. Die gegenwärtige Selbsthilfewelle, in der sich vieles um Selbstanalyse mit und ohne professionelle Unterstützung dreht, geht im Grunde an dem vorbei, worauf es eigentlich ankäme, nämlich Erkenntnis des wahren Ich.

Diesem wahren Ich begegnen wir erst, wenn wir uns betrachtend und lauschend nach innen wenden. Es ist das, was Sie wirklich sind, Ihr spirituelles Wesen. Wenn Sie seiner gewahr werden, ist das an tiefen Erlebnissen von Freude, Verständnis, Frieden und ehrfürchtigem Staunen zu erkennen. Und wenn Sie beschließen, dass Ihr Leben in diesem Zeichen stehen soll, sind Ihnen Glück und wahrer innerer Frieden sicher.

Ihr Unterscheidungsvermögen sagt Ihnen, wann Sie unter der Herrschaft Ihres Ego leben und wann Sie von Ihrem wahren Ich geleitet sind. Ihre Gefühlsregungen geben Ihnen Signale, denen Sie entnehmen können, ob Sie gerade Ego-Gedanken haben oder die universale Intelligenz in Ihnen wirkt. Es ist eine Art innerer Wecker, der losschrillt, sobald Sie sich irgendwelchen Ängsten ergeben. Natürlich muss diese Überwachung nicht ständig und spürbar aktiv sein, das würde bloß Stress bereiten. Es geht nur darum, dass Sie im Bedarfsfall geweckt werden und mehr als zuvor auf Ihre innere Stimme horchen.

In einem Leben unter diesem Vorzeichen sind Sie immer im Einklang mit Ihrer göttlichen Natur und dadurch auch mit Ihrem Körper, mit sich selbst, mit anderen und der Welt. In Ihrer Zuversicht und Selbstsicherheit agieren Sie beherzt und kraftvoll in der Welt und erreichen in allen Bereichen Ihres Lebens das, was Sie erreichen wollten.

Sei du selbst

Wenn Sie Ihren wahren Geist entdeckt haben und wissen, dass Sie dieses Bewusstsein vorziehen, wird es Zeit, sich darin einzurichten und es mit Leben zu erfüllen. Sie selbst sein, das ist eine Erfahrung und keine Vorstellung. Menschen, die etwas nur *darstellen*, wirken oft unecht, so als würden sie alles nur heucheln. Sie selbst zu sein ist dagegen etwas Natürliches, Müheloses, es strömt von innen her. Hier spielen Gedanken, wer oder wie Sie sein sollten oder nicht sein sollten, überhaupt keine Rolle. Es geht in keiner Weise um Tun oder Nichttun, nur darum, dass Sie sind, was Sie sind. Kleine Kinder verdeutlichen das sehr schön. Sie wollen nichts beweisen oder um etwas wetteifern, sie freuen sich einfach ihres Lebens. Sie selbst sein heißt einfach loslassen, sich entspannen, sich sein lassen.

Das zu werden, was Sie in Wirklichkeit sind, ihr wahres Ich, ist seiner Natur nach ein Wandlungsprozess. Sie merken immer leichter, wann Sie in alte Ego-Gewohnheiten und Ängste zurückfallen, und brauchen sich deswegen keine grauen Haare wachsen zu lassen. Der Übergang vom Ego zum wahren Ich verlangt urteilsfreies Bewusstsein, das uns erlaubt, die Dinge so zu sehen und zu nehmen, wie sie sind, und darin erschließen sich neue Möglichkeiten. Wenn Sie bewusst sind, nehmen Sie Ihre Gedanken und Gefühle deutlich wahr und *wissen*, wann Sie in alte Gewohnheiten des Ego zurückfallen.

Sie sind auf dem Weg, der zu werden, der Sie sind; in diesem Wissen lösen Sie sich von der Vorstellung, alles »richtig« machen zu müssen, und akzeptieren Ihren momentanen »Rückfall«. Sie erinnern sich, dass Sie nicht Ihre Gewohnheiten *sind*; das löst Ihre Identifikation mit dem Ego und festigt die neue Verbundenheit mit Ihrem wahren Ich.

Sie sind jetzt auch im Einklang mit der universalen Intelligenz und über sie mit allem und jedem in der Welt. Wenige sind sich dieser Verbindung bewusst, aber wenn Sie von Ihrem wahren Ich her denken, sprechen und handeln, spüren andere die Wahrhaftigkeit, die darin liegt. Das ist das Geheimnis des großen Einflusses, den Menschen wie Gandhi oder Martin Luther King gewannen. Sie besaßen keine politische, wirtschaftliche oder militärische Macht, aber sie geboten über die spirituelle Macht der Wahrheit und begeisterten Millionen Menschen für ihr Anliegen: Gerechtigkeit und Liebe. Sie *waren* ihr wahres Ich.

Sei dir treu

Seinem wahren Ich treu sein kann nur, wer es erkannt hat und auf es hört, wer mutig und unbeirrbar der Weisheit seines Herzens folgt.

Manchmal spüren wir ganz genau, dass wir nicht unserem Herzen folgen – und tun es trotzdem nicht. Vielleicht fürchten wir, dass jemand schlecht von uns denken könnte oder wir womöglich Umstände machen oder jemanden kränken. Wir reden uns ein, es werde schon nicht schaden, doch das stimmt nicht.

Wenn Sie einen Stups Ihres wahren Ich spüren, sei er noch so klein, wird es Zeit, sich zu besinnen. Oft ist es ganz erstaunlich, wie sich hinter kleinen Anlässen sehr weit verzweigte unsichtbare Denkstrukturen des Ego verbergen, die uns in allen Lebensbereichen von der Treue zu unserem wahren Ich abbringen können. Da derartige Denkstrukturen unbewusst sind, können sie sich immer wieder heimlich gegen die Weisheit unseres wahren Ich durchsetzen.

Unlängst sprach mich meine Freundin Jessie wegen eines Missverständnisses zwischen ihr und einer Freundin an. Wir hätten nun alles durchsprechen können, um für sie eine Strategie des Umgangs mit dieser »unerfreulichen« Situation zu finden, und das schwebte ihr auch vor. Es war jedoch offensichtlich, dass alle ihre bisherigen Ansätze nicht funktioniert hatten, weshalb ich ihr sagte, es gehe hier wohl nicht in erster Linie um die Freundin oder eine bestimmte Situation, sondern um etwas Tieferes, zu dem die Situation ihr vielleicht Zugang verschaffen könne.

Ich schlug ihr vor, einfach um die göttliche Sicht dieser Sache zu bitten. Gab es da Überzeugungen zum Thema »Freundschaft«, waren hehre Ideale im Spiel, die jederzeit und überall gewahrt sein mussten? Ich fügte hinzu, mir sei an mir selbst aufgefallen, dass sich manches, was ich als Stärken zu sehen versucht hatte, schlicht als Ego-Glaubenssatz in nobler Verpackung erwiesen habe, zum Beispiel bedingungslose Loyalität oder die Neigung, jemanden grundsätzlich mit Nachsicht zu behandeln.

Jessie erkannte, dass Freundschaft für sie bedeutete, den anderen vollkommen zu akzeptieren, sogar Verhaltensweisen, die für sie schwer zu ertragen waren. Jessies Freundin ist eine starke Raucherin. Jessie hat sie zwar gebeten, in ihrer Gegenwart nicht zu rauchen, aber sie tut es doch, und Jessie sagt lieber nichts mehr, denn wenn ihre Freundin unbedingt rauchen möchte, soll sie es natürlich tun können – sie möchte auf keinen Fall die Freiheit ihrer Freundin beschneiden. Sie merkt aber jetzt, dass sie die Freundin durchaus lieben und respektieren und trotzdem ihre eigenen legitimen Bedürfnisse vertreten kann. So kam es zwischen den beiden zu einem offenen Gespräch über das Thema »Rauchen«.

Wenn oberflächlich alles in Ordnung zu sein scheint, Sie aber trotzdem untergründig spüren, dass dem nicht so ist, wird es Zeit, sehr genau hinzuhören. Wohlwollend zu sein ist eine Sache; aber wenn Sie nicht auf Ihr wahres Ich hören, kann das nur bedeuten, dass Sie nicht zu sich selbst stehen. Wenn jemand anderes nicht seinem wahren Ich entsprechend lebt, Sie aber das Fehlverhalten immer wieder zu seinen Gunsten auslegen, weil Sie Ihrer Ego-Identität als »netter Mensch« entsprechen wollen, dann hat niemand wirklich etwas davon. Klar zu sehen, was tatsächlich der Fall ist, bedeutet ja nicht, dass Sie ein Nörgler sind.

Das Ziel, Ihrem wahren Ich treu zu bleiben, sollte Ihnen immer irgendwie gegenwärtig sein. Sie werden sehen, dass Ihr Unterscheidungs- und Urteilsvermögen dadurch spürbar zunimmt. Es wird Ihnen zur Gewohnheit, immer wieder nachzuhorchen, um zu spüren, ob Sie wirklich Ihrem wahren Ich folgen oder wieder mal den Status quo wählen. Fragen Sie nach. Und dann handeln Sie den Antworten entsprechend.

Wenn Sie nicht Ihr wahres Ich sind, sind Sie nicht frei. Wenn Sie nicht frei sind, geht es Ihnen nicht gut, und dann hat auch die Welt nichts von Ihnen. Treue zu unserem wahren Ich – das macht uns Menschen groß und erfolgreich, und so sichern wir unser Glück, aber auch das Wohlergehen unserer Familie und der Gesellschaft. Was bedauern die Menschen im Alter am meisten? Dass sie nicht ihren Träumen nachgegangen sind, dass sie nichts gewagt haben, dass sie den Menschen, die ihnen am nächsten stehen, nicht gesagt haben, was sie wirklich auf dem Herzen hatten.

Sie müssen es nicht auch so machen. Sie können Ihr Leben selbst wählen.

Freu dich über dein wahres Ich und seine Einzigartigkeit

Bei uns Menschen ist es wie mit den Schneeflocken – keine zwei sind gleich. Und wir alle haben in diesem Leben etwas vor. Der eine ist dazu da zu heilen, der andere soll ein Land führen, manche sind in der Elternrolle am besten aufgehoben, andere fühlen sich als Feuerwehrmann oder Polizistin am wohlsten oder sie haben eine Liebe zur Wissenschaft, zum Erforschen von Dingen, deren Bedeutung noch gar nicht abzusehen ist. Wenn Sie Ihre Begabungen und Träume ernst nehmen und den Mut haben, entsprechend zu leben, erfüllen Sie Ihren ganz eigenen und göttlichen Lebenszweck.

Ihr Leben ist reich und erfüllt, wenn Sie Ihren persönlichen Daseinszweck leben und Ihr wahres Ich in der Welt zum Ausdruck bringen. Das Gleiche gilt für Länder und Kulturgemeinschaften. Jede Kultur hat dem Ganzen etwas Wertvolles zu bieten, und es bereichert uns alle, wenn wir das jeweils andere anerkennen und schätzen. Ich reise gern in Gegenden, die wir hierzulande »exotisch« nennen, um mir anzusehen, welche Anteile unserer Gesamtkultur dort heimisch sind – Kunst, Architektur, Ernährung, Sprache, Bücher, Landschaften, Musik, Brauchtum, einfach das einzigartige In-der-Welt-Sein der dort lebenden Menschen. Und alles, was dort oder irgendwo zum Ganzen beigetragen wird, ist kostbar und sollte geliebt und geachtet werden. In der Welt des Ego freilich geht es ums Vergleichen, um Beurteilung der Unterschiede und den Wettlauf um die Ressourcen, das meiste Ansehen, die größte Macht. Wer sein wahres Ich achtet, dem fällt es nicht schwer, andere zu achten. Nur wer darin unsicher ist, sieht sich bemüßigt, andere und ihre Kultur zu beurteilen. Wer sich selbst liebt, dem fällt es nicht schwer, andere zu lieben.

Als ich vor ein paar Jahren nach Indien kam, wo ich Seminare für Unternehmen gab, fand ich die allgemeine Armut und die weit klaffende Schere zwischen gewaltigem Reichtum und bitterster Not zuerst erschreckend. Dann jedoch fiel mir auf, dass die Armen in all ihrem unbestreitbaren Elend offenbar innerlich reich waren. Sie begrüßten einander mit *Namaste*, und das heißt so viel wie: »Vom Gott in mir zum Gott in dir.« Hindus wissen, dass wir alle das Göttliche in Menschengestalt sind.

Jesus sagte es ein wenig anderes: »Was du dem geringsten meiner Brüder tust, das tust du mir.« Hier ist ausgesprochen, worum es für uns alle geht: sich selbst und jeden anderen in seiner Einzigartigkeit zu achten. Hielten sich mehr Menschen an diese Worte, wir hätten Frieden in der Welt.

Lass in stiller Betrachtung und tiefem Lauschen die Stimme der Wahrheit laut werden

In einer Gesellschaft, in der Breitband-Internetverbindungen, Multitasking und Kurznachrichten hoch im Kurs stehen und Geschwindigkeit zum Selbstzweck geworden ist, wird Zeit zu einem raren und kostbaren Gut. Sich Zeit zu nehmen, um einmal loszulassen und entspannt nach innen zu horchen und die eigene tiefere Weisheit zu hören, das scheint ganz gegen den Zeitgeist zu sein. Es handelt sich dabei um eine der Kernstrategien des Ego: zu viel »um die Ohren« zu haben, als dass man noch auf sein wahres Ich hören könnte. Das Ego mit seinen zwanghaften Denkgewohnheiten, den um sich selbst kreisenden Gedanken und all den vielen Ablenkungen gibt sich alle Mühe, diese Stimme zu übertönen. Mit seinem eingefahrenen Denken hält das Ego sich selbst im Gleichgewicht, indem es alles von sich weist, was nicht zu seinen Glaubenssätzen und Gewohnheiten passt.

Um Ihr wahres Ich *sein* zu können, müssen Sie es erst einmal kennenlernen. Das geht nur, wenn Sie sich Zeit zu stiller Betrachtung nehmen und nach innen lauschen. So werden Sie innerlich still, und dann wissen Sie bei allem, was Sie unternehmen, die universale Intelligenz hinter sich. Ihr Leben wird kreativer, inspirierter und zielsicherer, wenn Sie Ihrem wahren Ich und seiner Einsicht und Weisheit die Führung überlassen. Ohne die stille Betrachtung sind Sie wie die gleichgeschalteten Menschen in Huxleys schöner neuen Welt. Durch die stille Betrachtung halten Sie Ihre Verbindung zum wahren Ich und vermeiden den Rückfall in die Hypnose durch die kollektive Bewusstlosigkeit und Ihr eigenes Ego.

Glaube deinen Einsichten und Intuitionen, deiner Inspiration und Weisheit

Ohne Vertrauen können sich Einsichten nicht zu inspiriertem Handeln auswachsen. Und Vertrauen erwächst aus dem Glauben an Ihr wahres Ich. Im Vertrauen auf sich selbst schöpfen Sie aus der Zuversicht und Gewissheit, ohne die Sie Ihre Ideen nicht in die Praxis umsetzen könnten.

Als Mahatma Gandhi, dem Vordenker des gewaltfreien Widerstands und des zivilen Ungehorsams, der Gedanke kam, das Salzmonopol der britischen Besatzungsmacht zu brechen, leitete er damit das Ende der Fremdherrschaft in Indien ein. Nach seinem berühmten Salzmarsch ans Meer folgten Tausende seinem Beispiel und begannen an den Stränden Indiens mit der – ausdrücklich verbotenen – Salzgewinnung. Die Briten begannen daraufhin mit Massenverhaftungen, mussten aber schnell einsehen, dass sie nicht mehr Herr der Lage waren. Kurz darauf, 1947, mussten sie die Macht an die indische Regierung abgeben.

Gandhi *vertraute* seiner Inspiration. Er fasste den Entschluss zu einem Salzmarsch, aber erst nach einer strengen Fastenperiode setzte er seinen Entschluss um. 385 Kilometer lagen vor ihm, und das Gehen war nach dem Fasten mühsam. Anfangs begleiteten ihn nur ein paar seiner treuesten Anhänger, als er aber Bombay und das Meer erreichte, waren es Tausende, fest entschlossen, sich der britischen Herrschaft ohne Gewaltanwendung zu widersetzen. Was folgte, war die Entlassung des Landes in die Unabhängigkeit. Gandhi hatte nicht auf eine massenhafte Mobilisierung spekuliert; er war einfach der Inspiration des Augenblicks gefolgt.

Wenn man sich von der Wahrheit intuitiver Einsicht und Weisheit leiten lässt, weiß man vorher nie genau, wohin es führen wird. Man vertraut einfach darauf, dass man richtig handelt, weil man gar nicht anders handeln kann. Das nennen wir Entschlossenheit: in einer gewählten Richtung losmarschieren, ohne den ganzen Weg überblicken zu können. Wenn wir nur weiterhin tun, was wir als richtig erkennen, wird sich die Wahrheit unserer Einsicht schließlich auch in unserem Leben manifestieren.

Handle mutig nach den Vorgaben deines wahren Ich

Wie viele Millionen Menschen mögen schon Inspirationen ihres wahren Ich empfangen haben, die nie Wirklichkeit wurden, weil ihnen der Mut fehlte, entsprechend zu handeln? Ihr Leben bestand aus Bedauern über unerfüllte, ungelebte Träume.

Was ist denn das für ein Mut, den wir brauchen, um unserem wahren Ich gemäß zu leben? Es ist ein Mut, der von selbst kommt, wenn wir klar sehen, was zu geschehen hat – und es tun. So einfach ist es wirklich. Menschen, die wir als mutig ansehen, empfinden ihre Taten oft gar nicht als mutig; denken Sie an den Mann, der in den eisigen Fluss sprang und das ganz selbstverständlich fand. Wir hängen den Mut zu hoch, wenn wir solche Leute zu Superhelden erklären. So machen wir uns nur unnötig klein und trauen uns ähnlichen Mut nicht zu, obwohl er in jedem von uns angelegt ist.

Furchtlosigkeit kann sich in ganz alltäglichen Dingen bekunden, etwa in der Ablehnung einer Einladung zum Abendessen. Sie sagen »Nein«, obwohl die Stimme der Konvention in Ihnen einwendet: »Das kannst du doch nicht abschlagen!« Es kann auch sein, dass Sie sich in irgendeinem Rahmen entschieden gegen den Gruppenkonsens äußern, weil Ihr Instinkt Ihnen sagt, dass er nichts taugt.

Gib acht, dass sich dein Ego nicht damit brüstet

Ich kenne viele Leute persönlich – und von vielen weiteren habe ich gehört –, die als Schriftsteller, Seminarleiter, Unternehmer, Entertainer und Sportler erfolgreich und berühmt wurden, weil sie sich von ihrem wahren Ich leiten ließen. Doch was als Begeisterung oder aus einer faszinierenden Idee heraus begann, wurde dann zum Ego-Trip. Mag sein, dass sie erfolgreich blieben, aber sie brachten sich durch Arroganz, Überlegenheitsgebaren und Habgier um den Genuss daran oder spielten sich als Gutmenschen auf, während es eigentlich nur um ihr Ego ging. Das Ego kann nie genug bekommen. Wenn wir ihm folgen, werden wir immer noch mehr Geld, Macht und Anerkennung brauchen und leiten damit unseren eigenen Fall in die Wege.

Wenn wir unserem wahren Ich folgen, winken uns ebenfalls Glück, Erfolg und die Verwirklichung unserer Träume, aber wir werden uns die Freude daran nicht durch Arroganz und Habgier verderben. Wir brauchen kein pompöses Auftreten, wir bleiben ganz normale Menschen. Halten Sie sich immer vor Augen, dass Ihre Erfolge nicht dem Ego zu verdanken sind, sondern vielmehr dem Umstand, dass Sie ihm nicht erlaubt haben, im Weg zu stehen.

Bleib dabei, der Stimme deines wahren Ich zu folgen, auch wenn andere es weder verstehen noch billigen

Wer seinem wahren Ich entsprechend handelt, macht sich damit nicht unbedingt beliebt. Tiefe Einsicht stimmt nämlich oft überhaupt nicht mit dem Status quo überein. Wenn Sie die Wahrheit sagen, kann das für das Ego ärgerlich sein, es nimmt Anstoß, fühlt sich kritisiert.

Unlängst saß ich mit einer Mutter und ihrer Tochter zusammen. Die Mutter hatte sich gerade mit ihrem Mann gestritten und versuchte ihrer sechsjährigen Tochter klarzumachen, wie recht sie in ihrem Zorn hatte. Nach einer langen Serie von Rechtfertigungen sagte die Tochter: »Mami, hör doch einfach auf Papas Herz, dann weißt du, dass er dich lieb hat und du brauchst nicht mehr böse zu sein.« Die Mutter war erst einmal sprachlos ob der Wucht dieser Worte ihrer kleinen Tochter, doch dann setzte sie sich ganz schnell darüber hinweg, denn schließlich konnte ein Kind ja noch keine Ahnung von den Verwicklungen in menschlichen Beziehungen haben.

Am nächsten Tag war der Mutter klar, dass ihre Tochter den einzig vernünftigen Rat gegeben hatte. Ich sagte: »Kindermund ...« Sie hat jetzt ein Beispiel vor Augen, das sie auch gern zitiert und das sie immer daran erinnert, welche Auslöser ihr Ego auf Touren bringen. Kleine Kinder, weise alte Menschen und Machtlose sagen oft unverblümt die Wahrheit, nur selten aber hört man auf sie.

Wenn Sie mit Ihrem wahren Ich identisch sind, wissen Sie, dass nichts und niemand Ihnen etwas anhaben kann. Wenn der Gedanke, die Zustimmung anderer zu verlieren oder Ihre finanzielle oder körperliche Sicherheit aufs Spiel zu setzen, Sie nicht schreckt und Sie außerdem Ihren eigenen Einsichten trauen, wird es Ihnen an Mut nicht fehlen. Wenn ich kein Ego mehr verteidigen muss – dieses Ichgefühl, das völlig davon abhängt, wie andere mich sehen und was ich an Errungenschaften glaube vorweisen zu können −, was hätte ich dann noch zu verlieren? Ich bin frei. Verlieren können wir nur, was wir nicht wirklich *sind*. Unser wahres Ich ist unverlierbar. Es gehört nicht zu dieser Welt der Formen.

Sieh es dir nach, wenn du in alte Ego-Gewohnheiten zurückfällst

Wir fallen in alte Gewohnheiten und Denkmuster des Ego zurück, einmal merken wir es, ein andermal nicht. Selbst wenn Sie entschlossen sind, Ihr wahres Ich zu leben, und es unerschrocken tun, wird es doch hin und wieder vorkommen, dass Sie Ihrem wahren Ich nicht ganz folgen. Das ist deshalb so, weil aus der Überzeugung erst noch klares Wissen werden muss, und das ist nur auf dem Weg über die Erfahrung möglich. Wenn hier etwas misslingt, ist das kein Fehler, sondern dient dazu, Gewohnheiten noch bewusster zu machen und den Unterschied zwischen einem Leben nach den Vorgaben des Ego und einem Leben in der Geborgenheit des wahren Ich immer deutlicher werden zu lassen.

Wenn ich in Ego-Reaktionen zurückfalle, fühlt es sich von Mal zu Mal unangenehmer an. Genauso soll es sein. Machen Sie sich also keine Sorgen, wenn es Ihnen ebenfalls passiert. Der Grund: Je mehr Sie in und aus Ihrem wahren Ich leben, desto intensiver erfahren Sie das Dasein als Ego als die furchtbare, quälende und unnatürliche Illusion, die es von Anfang an war. Und das ist natürlich gut, denn der Kontrast macht Ihnen sehr deutlich, wie viel besser das Leben ist, wenn Sie Ihrem wahren Ich folgen.

Solange Sie nicht sehr bewusst waren, empfanden Sie das Ego-Dasein − Angst, Sorgen, Stress, Ohnmacht und Wut − als normal. Jetzt fühlt es sich wie eine Krankheit an, was es ja auch ist. Sehen Sie dieses Gefühl als ein Zeichen Ihrer Gesundheit, nicht als Rückfall. Das erneute Auftreten alter Gewohnheiten dient der Klärung und Reinigung. Die Trommel einer Waschmaschine muss sich viele Male gedreht haben, bis der Schmutz wirklich ganz von der Wäsche gelöst ist. Auch das Hineinwachsen in unser wahres Ich braucht viele Durchgänge. Immer wenn Sie in alte Gewohnheiten abgleiten, lernt Ihr Bewusstsein noch sicherer und schärfer zwischen echt und unecht zu unterscheiden.

Wenn Sie das verstanden haben, werden Sie sich »Fehler« ohne weiteres nachsehen können. Dadurch werden Sie mit alten Gewohnheiten umso schneller fertig, Sie grämen sich weniger, finden schnell in Ihr wahres Ich zurück und gehen weiter. Aber Sie werden wieder straucheln, und wieder. Nur dass Sie von Mal zu Mal schneller wieder auf den Beinen sind und sich verzeihen. Wenn Sie kein Verständnis dafür haben, dass Sie ein Mensch mit einem Ego sind, wie wollen Sie es dann anderen nachsehen?

Sieh andere in ihrer Unschuld und ihrem illusionären Trennungsglauben, und sieh es ihnen nach, wenn sie nach den Vorgaben ihres Ego handeln

Wer sich selbst verzeihen kann, verzeiht auch anderen viel leichter. Oder sagen wir: Wenn Sie sich so lieben, dass Sie Ihre eigene Unschuld erkennen und deshalb sehen, wie Sie dabei sind zu verstehen, was ein Leben als Ihr wahres Ich ist, werden Sie mühelos erkennen, dass für alle anderen das Gleiche gilt. Jeder Mensch ist göttlich und weiß entweder noch nichts davon oder entdeckt es gerade.

Wenn Sie an sich selbst die hypnotische Kraft alter Denkmuster und des Ego erlebt haben, verstehen Sie leichter, dass sich niemand in einer wesentlich anderen Lage befindet. Je mehr Angst jemand hat, desto eher gibt er dem Ego nach –

Schuldzuweisungen, Verurteilungen, wütende Attacken, Ohnmachtsgefühle, Entmutigung. Wenn Sie das von Ihrem wahren Ich aus erkennen, werden Sie Mitgefühl und Nachsicht empfinden. Das schützt Sie auch vor der Unwissenheit und fehlenden Bewusstheit anderer. So können Sie in dieser Welt mit ihren verängstigten Menschen leben, ohne sich in all das Negative hineinziehen zu lassen. Mitgefühl ist liebevolles Gewahrsein der Leiden anderer. Ein Leben im Ego ist immer ein Leben in Leiden.

Sei dir immer bewusst, dass du selbst es bist, der deine Wirklichkeit erschafft

Wir sind immer selbst für alles verantwortlich, was wir erschaffen, ob es von unserem wahren Ich oder vom Ego ausgeht. Selbst verantwortlich zu sein bedeutet aber nicht, dass wir uns für das schuldig fühlen müssen, was wir unter Führung des Ego erschaffen, oder stolz auf das sein sollen, was von unserem wahren Ich ausging. Eigenverantwortung heißt einfach, dass Sie selbst für alles einstehen, was Sie tun. Wälzen Sie die Verantwortung nicht ab, weder auf das Ego noch auf den Teufel, noch auf Ihre Eltern und deren Erziehungsmethoden. Alles in Ihrem Leben ist Ihre eigene Schöpfung. Solange Sie Ihre Urheberschaft nicht wahrhaben wollen, werden Sie unbewusst immer wieder das Gleiche erzeugen.

Wenn Sie unwissentlich dem Ego die Führung überlassen haben, es dann aber merken und es sich eingestehen, werden Sie tiefere Einsicht daraus gewinnen. Und nach einer Reihe von Schritten dieser Art leben Sie schließlich immer mehr im Einklang mit Ihrem wahren Ich. Versuchen Sie die Verantwortung jedoch auf andere oder die Umstände abzuwälzen, so berauben Sie sich selbst dieser Einsicht und damit der Entdeckung Ihres wahren Ich. Es ist nun einmal so: Wer seine

Fehler nicht einsieht, der wiederholt sie. Eigenverantwortung ist ein Akt der Bewusstwerdung und der Entschluss, sich von einer Gewohnheit zu lösen.

Wir alle sind auf der Erde, um herauszufinden und zum Ausdruck zu bringen, was wir wahrhaft sind. Zur Sucht gewordene Angst lässt uns unser wahres Ich vergessen und zu Gefangenen unserer vom Ego beherrschten Denkstrukturen werden. Die Zeit ist jetzt reif, uns von dieser Angst zu befreien, die uns Freude, Kreativität, Frieden und den Mut zur Aufrichtigkeit verwehrt. Es ist Zeit, der Inspiration zu folgen und das zu leben, wozu wir hier sind.

Ich hoffe, dieses Buch kann Sie mit seinen Gedanken, Prinzipien und Hinweisen auf Ihrer Entdeckungsreise zum angstfreien, zum furchtlosen Leben unterstützen. Dazu ein paar letzte Worte:

Komm aus deinem Gefängnis der Angst heraus.
Streif die Fesseln der Sucht ab.
Erkenne dich selbst, sei du selbst, vertraue dir selbst.
Lass dich mutig *alles* sein, was du bist.
Zeig der Welt, was du bist, damit alle, die dich sehen, den
    Wunsch bekommen, es dir gleichzutun.
Es gibt nur *eine/n* wie dich in dieser Welt – sei dein wahres
    Ich.

Nachwort und Dank

Traurig, aber wahr: Zu diesem Buch wurde ich von den Ereignissen um den 11. September 2001 inspiriert. Ich beobachtete die Reaktionen der Menschen auf die Terroranschläge, verfolgte die Berichterstattung in den Medien und im Anschluss die militärischen und politischen Gegenmaßnahmen. Was mir dabei auffiel: Die Angst ging um, und sie nahm epidemische Züge an. Später wurde mir dann klar, dass uns diese Angstbesessenheit schon lange begleitet. Die aktuellen Ereignisse hatten nur mein Bewusstsein dafür geschärft, sodass ich ganz deutlich spürte, *wie sehr* diese Welt von Angst besetzt ist. Das brachte mich dazu, dieses Buch zu schreiben, von dem ich hoffe, dass es uns vielleicht helfen kann, die Ursache der Angst zu beseitigen.

Seit ich mich näher mit dem Thema beschäftige, durfte ich auch Zeuge vieler mutiger, besonnener und kluger Reaktionen auf die Epidemie der Angst werden. Menschen, die ich gar nicht kannte, inspirierten mich durch ihre Art, mit lebensbedrohlichen Krankheiten und Katastrophen der Größenordnung eines Hurrikans umzugehen oder einfach dadurch, wie sie in unseren hektischen Zeiten ihren Alltag meisterten. Deshalb habe ich dieses Buch auch geschrieben, um uns allen dabei zu helfen, dass wir uns in dieser Welt, die gerade einen gewaltigen Umbruch durchmacht, besser zurechtfinden.

Ich möchte allen danken, die mir Anregungen für ein furchtloses Leben gaben – einfach dadurch, dass sie sind, wie sie sind.

Mein ganz besonderer Dank gilt meinem lieben Freund Richard Carlson, der das Vorwort zu diesem Buch schrieb und kurz darauf starb. Zusammen haben wir *Reg dich nicht auf* geschrieben. Wir waren aber nicht nur Kollegen, sondern vor allem dicke Freunde. Bei meinen schriftstellerischen Bemühungen konnte ich immer auf seinen Zuspruch zählen. Das gilt besonders für *Furchtlos leben!*, denn auch Richard wusste um den Wunsch der Menschen nach einem angstfreien Leben. Seine Freundschaft und seine Ermutigung werden mir fehlen, aber seine Liebe und der prägende Einfluss, den er auf mich ausübte, bleiben mir.

Danken möchte ich auch meiner Frau Michael, meiner wichtigsten Lehrerin und Zeugin der Wahrheit, auf deren Rückhalt ich stets zählen konnte. Seit über sechsundzwanzig Jahren ist sie nun schon meine Partnerin im Streben nach spiritueller Erkenntnis und ein steter Quell der Freude und Liebe. Unter meinen Freunden, von denen ich – einfach durch die Art, wie sie ihr Leben führen – lerne und inspiriert werde, danke ich insbesondere meinem Trainer Ron Morris, der mich auf der körperlichen Ebene anleitet, mein wahres Ich zu leben; meiner Freundin Karen Clark für ihre Geschichte von Krebs und Mut; meiner Schwester Ginny, die all die Jahre nicht müde wurde, mich anzufeuern, für ihre Liebe und Unterstützung; und allen, die mein Leben lebenswert und zu einer wahren Freude machen.

Was schließlich dieses Buch und meine schriftstellerische Arbeit überhaupt angeht, möchte ich zuerst meinem Agenten Mark Chimsky danken, der immer bereitsteht, um mich in meiner Arbeit zu bestärken, der auch mit Kritik nicht spart, mich vor allem aber bedingungslos unterstützt. Er ist für mich mehr als ein Agent, wir sind Freunde geworden. Für ihre redaktionellen Kommentare bin ich Lairie Viera sehr verbunden, die sich dem Manuskript bereits in den frühen Stadien widmete. Danken möchte ich auch dem Lektoratsteam von Conari Press, insbesondere Caroline Pincus, durch deren Arbeit der Text um Vieles klarer und zugänglicher geworden ist. Nicht zuletzt danke ich Jan Johnson, Verlagsleiter bei Conari Press, der von Anfang an an dieses Buch geglaubt hat.